혼자 하지 말고
함께해라

혼자 하지 말고 함께해라

김진희·손정일·이재성·이홍철
지음

원앤원북스

코로나19 시대
소상공인을 위한 협업비즈니스

2020년 12월 11일자 〈머니투데이〉 기사에 따르면 스타벅스가 향후 10년 동안 매장을 70% 늘리겠다고 발표했다. 코로나19 팬데믹으로 소형 경쟁업체들이 줄줄이 무너지면서 앞으로 시장점유율과 경쟁력을 더 확대할 수 있을 것으로 기대하고 있다. CNBC 등 주요 외신에 따르면 2030회계연도까지 5만 5천 개 매장을 열겠다는 것인데 이는 현재 3만 3천 개 매장에서 2만 개 이상을 늘리겠다는 것이다.

OECD 국가 중에 자영업자 비율이 가장 높은 우리나라 소상공인은 다산다사(多産多死)하고 약간의 충격으로도 쉽게 어려움에 빠진다. 특히 코로나19로 인해 월세도 낼 수 없는 사업주가 속출하면서 폐업이 잇따르고 있다. 현장에 다니면서 실제 경험하지 않더라도 그 어려움은 누구나 짐작할 수 있는 상황이다.

소상공인이라면 누구에게나 어려운 시기이지만 그 속에서도 어려움에 대비하고자 미리부터 협업사업에 참여하거나 교육 및 컨설팅 지원에 적극적으로 참여해온 기업들은 상대적으로 잘 버텨내고 있었다. 많은 협업기업들을 지원했던 필자로서는 그나마 위안이 되었다.

정부 및 지자체는 소상공인의 경쟁력을 강화하기 위해서 여러 가지 시도를 하고 있다. 가장 큰 지원은 금융지원이다. 1980~1990년대 고성장 시기에는 공급보다 수요가 많았고 저금리의 정책자금 지원이 만병통치약일 때도 있었다. 그러나 지금은 수요만 있다면 공급은 쉽게 늘릴 수 있는 경제로 바뀌었다. 요즘은 식당이 아니더라도 그 맛과 품질에 버금가는 음식을 배달받아 먹을 수 있다. 마켓컬리나 쿠팡 로켓배송을 통해 다음 날 새벽에 손질된 재료를 공급받아 직접 요리해 먹을 수도 있다. 이렇게 수요보다 공급이 많은 시대로 바뀌면서 우리나라 자영업자는 무한경쟁에 시달리게 되었다.

사업 환경이 변하면서 금융지원을 통해 경쟁력을 향상시켜 개별 소상공인의 어려움을 타개한다는 것은 사실상 불가능함을 우리는 경험적으로 알고 있다. 일시적인 어려움을 극복하도록 도와줄 수는 있지만, 자체 경쟁력을 향상시키는 원천이 되는 데는 한계가 있다. 그렇다면 소상공인은 어떻게 경쟁력을 키울 수 있을까? 크게 나눠보면 전문화와 협업화일 것이다. 전문화는 다른 기업에 비해 비교우위를 가져 경쟁력 격차를 유지하는 방법이다. 모든 기업이 추구하는 방법이기도 하다. 일례로 한식점 사장님들은 단일 메뉴만 취급하고 싶어 한다. 메뉴가 적으면 생산성은 올라가고 부가가치는 높아진다. 그러나 이는 몰라서가 아니라 할 수 없어서 못한다.

이를 감안하면 전문화보다는 협업화 전략이 먼저다. 하지만 상당수는 협업화보다는 전문화를 선호한다. '협업화는 남의 것, 전문화는 내 것'이라는 잘못된 생각이 지배적이어서 그렇다. 그러나 자원과 인력이 부족한 소상공인이 혼자서 다른 업체와 유의미한 비교우위를 만들고 그 격차를 유지하는 것은 엄청난 노력과 뛰어난 통찰력을 요구한다. 필자는 협업상담을 하면서 이런 말씀을 자주 드린다. "전문화도 협업화를 통해 하면 됩니다." 협업화 사업을 담당하면서 소상공인도 협업화 과정을 통해 새로운 시장과 고객을 만나고, 제품과 서비스를 최적화하며 경쟁력을 확보하는 것을 직접 봤기에 생긴 자신감이다.

국내 IT 분야의 석학이었던 이민화 교수는 강연에서 "한국기업이 소프트웨어 분야에서 미국기업과 같은 경쟁력을 가지는 것은 불가능할 수도 있다."라고 했다. 공유와 협업이 되고 있지 않다는 이유에서였다. 실리콘밸리는 정보의 공유(오픈소스)가 일반화되어 있다. 새로운 시스템을 개발할 때 95%는 오픈소스를 사용하고 5%만 개발하면 된다. 하지만 우리나라 기업들은 거의 대부분 직접 개발하고 있어 애초에 상대가 되지 않는다고 한다. 협업과 공유에 우호적인 사회분위기를 조성하지 않으면 그 격차는 더 크게 벌어질 것이다.

호랑이와 사자가 싸운다면 누가 이길까? 찰스 다윈이나 제레미 블랙의 저서에 따르면 역사적 자료에서 대부분 호랑이가 이겼다고 한다. 그러나 2마리 이상이 무리를 지어서 싸운다면 호랑이는 사자를 절대 이기지 못한다고 한다. 사자는 무리를 지어서 공격하지만 호랑이는 혼자 생활하고 혼자 싸우는 동물이기 때문이다. 호랑이는 자기를 공격하는 것이 아니면 속한 무리가 공격을 받는다고 해도 관심을 갖지 않는다. 그러나 이로 인해 본인의 생존도 위협받는다.

우리는 아직 많은 개인이 서로 협력해 함께 목표를 이룬다는 것은 유토피아적인 아이디어라고 생각하는 경향이 있다. 협력에 긍정적인 사람들도 협업이 일시적으로는 유리할 수 있으나 지속적일 경우에는 다른 결과가 나올 수 있다고 생각하기도 한다.

미 국방부가 개최한 인터넷의 정보확산 속도와 정확도를 실험하기 위한 풍선찾기대회에서 MIT팀은 집단지성을 이끌어내는 방법으로 주요 정보를 제보한 사람에게 인센티브를 주는 방식을 고안해 적용했다. 네트워크로 연결된 사람들에게 게임 정보를 공유해서 풍선을 찾는 데 도움을 주면 상금 일부를 나눠주는 방식이다. 주최 측은 전국에 흩어진 풍선을 찾는 데 걸리는 시간을 9일로 예상했지만, MIT팀은 9시간 만에 풍선을 찾아냈다. 상금가지치기 인센티브 제공방식으로 대중들의 자발적 참여를 유도해 대성공을 거둔 것이다.

자영업 협업화 지원사업이나 협동조합 지원사업도 정부나 지자체가 협업에 참여하는 소상공인에게 인센티브를 주는 제도다. 그냥 협업만 잘해도 참여기업은 이익을 보는데 협업을 하라고 인센티브까지 제공하는 것이다. 언제까지 의심만 하면서 시도하지 않을 것인가. 코로나19 이후의 시대에는 달라져야 한다. 격변하는 사업 환경은 호랑이처럼 사는 것을 허용하지 않는다. 호랑이가 아닌 사자처럼 살아야 한다.

이 책과 함께 협업으로 새로운 기회를 얻을 수 있기를 기원한다.

PART 3
소상공인의 희망 협업 성공사례

PART 4
협업을 위한 무상지원제도 활용하기

PART 5

협업으로 성장하고 협동조합으로 도약하라

PART 1

따로 또 같이, 협업비즈니스

협업비즈니스를
알고 싶어요

양재천 부근에서 커피숍을 운영하는 이 사장은 200g 용량의 전기 로스팅기를 가지고 각 나라의 원두를 조금씩 로스팅해 단골손님에게 팔고 있지만, 로스팅기의 용량이 부족해 정작 가게에서 서비스하는 원두는 사서 쓰는 형편이다. 로스팅 시설을 갖추고는 싶지만 12평 공간에 놓을 곳도 마땅치 않고, 가격도 부담스럽다. 현재 상황에서 부담스럽지 않게, 로스팅 시설을 갖추고 좀 더 수익을 올리는 방법은 없을까?

이 사장은 조금 떨어진 곳에서 커피숍을 운영하는 정 사장으로부터 커피 로스팅 협업을 해보자는 제의를 받았다. 5kg 용량 로스팅기의 가격은 약 4천만 원. 이 중 10% 정도만 협업 참여기업 3군데가 나누어서 부담하고 나머지는 서울시에서 무상으로 지원해주는 조건이었다. 설비는 지하에 공간을 가지고 있는 정 사장의 커피숍에 놓으면 된다고 한다. 투자금 400만 원으로 4천만 원짜리 로스팅기를 갖게 되었고, 저녁 시간을 활용해서 직접 로스팅을 해오면 월 40만~50만 원 정도가 절약되었다. 시설만 공동으로 사용하는 조건이어서 동업처럼 사업을 같이하거나 이익금을 나누면서 발생하는 귀찮은 일도 없었다.

혼자보다 같이, 협업비즈니스

×

협업은 적은 비용으로 큰 효과를 내는 방법이다. 가까운 거리에 여유 공간이 있는 카페에 공동 구입한 로스팅기를 설치하고 같이 쓰다보면 훨씬 적은 비용으로 문제를 해결할 수 있다.

협업이라는 용어는 잉여가치를 생산하는 노동의 관점에서 많이 사용되었지만, 인간의 역사는 협업의 역사라고 말할 정도로 인간사의 발전과 밀접하다. 지금은 산업별로 다양한 협업이 이루어지면서 여러 관점으로 설명되고 있다. 일반기업이 폭넓게 사용하는 협업의 의미는 "여러 개의 기업이 제품 개발, 원자재 구매, 생산, 판매 등에서 각각의 전문적인 역할을 분담해 상호보완적으로 제품을 개발·생산·판매하거나 서비스를 제공하는 것"을 말한다.

대기업은 기술협력, 기술제휴, 콜라보 등의 형태로 다양한 협업을 진행하지만, 자영업자에게 협업은 남의 일처럼 여겨진다. 흔하게 들려오는 동업 실패담은 협업을 꺼리는 분위기를 만들었다. 그래서 혼자 하다가 망했으면 망했지 절대 동업은 하지 않겠다는 풍조도 동업과 비슷해 보이는 협업을 어렵게 하는 요인이다.

하지만 이제 자영업자들도 협업 없이는 더 이상 생존할 수 없는 시대가 도래했다. 2000년대 초반까지는 인구 증가와 도시화로 다양한 상품과 서비스에 대한 수요가 계속해서 늘어나는 추세였다. 그때는 목 좋은 가게를 얻어서 통상적인 수준의 노력만 해도 돈을 벌 수 있었다. 하지만 지금은 우리나라 자영업자 1년 생존율 65.3%, 5년 생존율 28.5%다. 창업하면 3년 이내에 거의 망한다고 봐도 과언이 아니다. 그러나 다른 나라의 5년간 생존율을 보면 미국은 89.4%, 프랑스 49.1%, 스페인 41.8%다. 심지어는 우리나라만큼 자영업자 비율이 높은 이탈리아도 5년간 생존율은 41.1%다. 어떤 차이 때문에 우리나라 자영업자의 생존율이 가장 낮을까? 가장 큰 문제는 수요에 비해 공급이 넘친다는 것이다. 이탈리아는 자영업자 비율이 높지만 해외 관광객 수가 우리나라의 4배 이상이다. 실제 수요로 비교하면 우리나라 자영업자 비율이 더 높을 것이다. 공급이 항상 수요를 초과하는 상태라면 그만큼 경쟁은 더 치열해질 수밖에 없다.

3D프린터가 혼자 제품을 만들고, 유통채널은 끊임없이 진보하고, 택배 서비스는 더 빨라지고 있다. 옷은 입어보고 사야 한다는 고정관념도 사라진 지 오래다. 컴맹인 50대도 홈쇼핑으로, 스마트폰으로, 옷과 생활용품을 구입한다. 골목 내에서, 마을 내에서 경쟁하는 시대가 아닌 다른 지역 점포의 서비스와, 다른 국가의 상품과 경쟁하는 시대가 되었다. 자영업자 혼자서 이 모든 것을 대응하기에는 역부족이다.

자영업자들에게 직접적으로 도움이 될 수 있는 협업비즈니스는 독립적인 경영체가 서로의 장점을 공유하거나 공동의 가치 추구를 위해 모여 비즈니스를 추진하는 것이다. 예를 들어 기계나 공간을 같이 사용하거나, 제품 개발을 서로 돕거나, 1개의 브랜드를 2개 이상의 기업이 공동으로 사용하거나, 공통점이 있는 기업끼리 공동 홍보 및 공동 판매하는 수준의 협업을 말하고자 한다.

2개 이상의 기업이 이익금을 나누기 위해 수십 장의 계약서를 써야 할 정도의 협업은 자영업자들이 접근하기에 쉽지 않다. 하지만 말로도 쉽게 설명되고, 2~3장의 계약서로 같이 할 수 있는 간단한 협업부터 시작해야 한다. 그것이 바로 여기에서 이야기하고자 하는 자영업자의 협업비즈니스다.

왜 협업을 해야 할까

×

애덤 스미스는 그의 저서 『국부론』에서 "한 국가의 부를 창출하는 원동력은 분업에 있다."라고 말하면서, 혼자서 일하는 것보다 일을 나누고 서로 협력해서 일할 때 훨씬 큰 성과가 나타난다고 했다. 21세기 가장 위대한 사업가인 애플의 스티브 잡스는 "우리 사업에서 더 이상 혼자서 할 수 있는 일은 없다. 큰일은 한 사람이 아니라 팀에 의해 이루어진다."라고 했다. 스티브 잡스는 고독한 영웅으로 묘사되지만 본인은 절대 그렇게 생각하지 않았다. 좋은 팀을 만난 것이 엄청난 성과를 이룬 비결이라고 말했을 것이다.

막스 링겔만의 '줄다리기 실험'에서 사람이 많아질수록 당기는 힘

링겔만 효과 실험

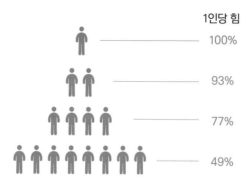

1인당 힘

100%

93%

77%

49%

의 평균은 계속 줄어드는 것으로 나타났다. 협업을 하지 않으려는 사람들은 이런 이유로 협업을 하지 않으려고 한다. 그렇다면 '정말 협업이 필요할까?'라는 의문이 생기는 것은 당연하다. 협업은 왜 해야 할까?

첫째, 전체 업무를 몇 개로 쪼갠 후에 나눠서 일하고 성과를 합친다면 분업의 원리에 의해서 조직의 능률이 향상되어 협업의 평균이 낮아지는 것을 크게 줄이거나 없앨 수 있다. 전체의 합이 커지므로 협업이 유리하다.

둘째, 각자 자기가 잘하는 업무를 분배한다면 개인별로 진행한 업무성과의 합보다 전체의 합이 증가한다.

셋째, 현재 대부분 사업은 매일 매주 판매시점마다 승부가 결정되고, 이것이 합쳐져서 성장하거나 도산한다. 따라서 한 시점의 경쟁력의 크기는 협업을 한 그룹이 훨씬 유리하다.

협업은 경쟁시장에서 제품이나 서비스의 공급 시간 단축 및 높은 속도로 품질과 만족도를 높이는 효과가 있다. 예를 들어 협업에 의한 쌀의 생산량 증가는 협업으로 갈등을 치유하는 만큼 차이가 나지 않을 수 있다. 그렇지만 제조 및 정보통신 시장에서는 2등보다 5%가 우수하면 그만큼만 이익이 증가하는 것이 아니고, 5~10배의 성과를 낼 수도 있다. 다시 말해 농가끼리는 단순히 생산량의 차이만 발생하지만, 제조기업은 그렇지 않다. 얼마간의 격차가 몇 배의 수익을 만들 수도 있고 경쟁기업의 도산이나 포기로 독점시장을 만들 수도 있다.

안정된 창업의 기반이 되는 협업

×

사업을 위해 사무실을 내고 직원을 채용하면 초기 운영비가 많이 들어간다. 창업기업들은 손익분기점에 도달할 때까지가 가장 힘들고 괴롭다. 매출이 제대로 발생하지 않는 상태에서 임대료와 인건비는 계속 발생한다. 그러다 보니 많은 기업들이 안정적인 궤도에 오르기도 전에 실패를 경험하는 것이 현실이다.

합정동에 위치한 디자인회사 사무실에는 사장이 3명이다. 모두 홍익대 미대 출신이다. 맏형인 신 대표는 직장에 근무하다가 회사를 차렸다. 신 대표의 협업은 공동 사무실부터 시작했다. 사무실을 같이 얻어서 운영비를 절감하고, 모인 대표자들끼리 공동 프로젝트를 하면서 직원 없이도 일할 수 있었다. 그러면서 서로를 더 정확하게 알아나갔고, 뜻을 같이하는 멤버들이 모이자 커피숍용 진동벨, 더치커피 스탠드 등을 공동 개발하고 공동 출원해 사업화해갔다. 이 중 더치커피 스탠드는 중국, 러시아에서 러브콜을 받으면서 매우 순조롭게 성장해가고 있다. 이제는 각자의 개인회사를 합쳐서 협동조합을 만들거나 주식회사로 전환하고자 검토 중이다. 협업을 넘어 동업의 수준으로 발전한 것이다.

만약 신 대표가 혼자 사업을 키워갔다면 어떻게 되었을까? 제품 개발비와 사무실 운영비, 여기에 2명의 실력 있는 디자이너를 채용했다면 2억 원 이상의 창업자금이 필요했을 것이다. 또한 밤새워 일하는 직원의 열정을 구경하기도 쉽지 않았을 것이다. 자본이 부족하고, 다른 사람과의 협력에 개방적이었던 덕분에 적은 자본으로 리스크를 줄이면서 안정되게 사업을 일으킬 수 있었다.

어딘가에 종속되어 수동적으로 활동하는 것이 아니라 참여자들이 적극적으로 의견을 내놓고 능동적으로 협업을 만들어가는 활동이 바로 협업비즈니스다. 신 대표의 사례도 각자가 자기 사업의 주인이라는 주인의식이 있었기 때문에 서로의 장점을 극대화하며 협업을 성공적으로 이루어낼 수 있었다.

위장내시경은 미사일엔지니어와 소화기전문의가 협업을 통해 개발했고, 세그웨이는 GE·델파이·미쉘린 등 5개 이상 기업의 합작품이며, 블루투스는 에릭슨을 중심으로 노키아·도시바·IBM·인텔·소니 등 세계 유수의 기업이 공동 개발한 기술이다. 이렇듯 세계적인 기업들도 외부의 자원을 적극 활용하고 있다. 적은 자본과 소수의 인원으로 시작하는 자영업자들은 생존을 위해서라도 다른 소상공인과의 협업을 적극적으로 추진해야 한다.

협업사업을 담당하면서 협업활동에 긍정적인 많은 사장님들을 만났다. 몇 분은 협동조합을 만들어 각종 프리마켓에 참여하면서 제품도 알리고 판매도 한다. 그동안 알지도 못했고 알고 싶지도 않았던 블로그와 인연을 맺으면서 매출이 2배 이상 올라간 분도 있다. 성과를 내기 어려울 것 같은 전통시장에서는 협업으로 냉장창고를 만들었는데 매출액이 3배로 성장했다. 협업활동에 참여한다고 모든 기업이 성장하는 것은 아니겠지만 적극적으로 참여한 기업들에게는 매우 좋은 성과가 있었다.

더군다나 이런 협업활동에 정부나 지자체가 다양한 무상지원사업을 하고 있다면 어떨까? 투자 리스크에 대한 큰 부담 없이 협업비즈니스를 시작할 수 있다면 당장 시도해야 않을까? 자영업자 640만 시대, 자신의 사업을 성공시키려면 협업은 선택이 아닌 필수다.

협업과 분업의 차이점

협업은 분업과는 어떤 차이가 있을까? 분업은 구성원들이 종속된 위치에서 자기 역할을 하는 수직적 관계로 업무가 이루어진다. 이에 반해 협업은 수평적 파트너 관계를 지향한다. 협업비즈니스에서 각 참여자는 독립적인 자생력과 비즈니스를 운영할 능력을 갖고 있다.

협업화 사업

협동화 사업의 한 유형으로서 중소기업자들이 경영개선을 위해 기술개발과 제품개발, 공동상표개발, 판매활동, 원자재구매, 품질관리, 정보수집, 해외시장진출, 수출협업화 등을 공동으로 추진하는 사업을 말한다.

(자료: 중소벤처기업부 용어 정의)

협업

여러 개의 기업이 제품 개발, 원자재 구매, 생산, 판매 등에서 각각의 전문적인 역할을 분담해 상호보완적으로 제품을 개발, 생산, 판매하거나 서비스를 제공하는 것으로 정의하고 있다. 즉 협업은 2개 이상의 조직이 상호 조직 간의 공동 목표를 달성하기 위해 자발적으로 맺은 계약관계로서 기업이 목표를 달성하고 궁극적으로 경쟁우위를 확보 및 유지하기 위해 사용하는 수단이라고 할 수 있다.

(자료: 중소기업진흥에 관한 법률)

바다거북의 생존전략
협업에서 배운다

협업으로 생존확률을 높이는 바다거북

지구상에 존재하는 파충류 중 가장 오래된 동물은 바다거북이다. 수명이 60~150년으로 장수한다. 그 일생 중 가장 위험한 때는 육지에 낳은 알이 부화해서 바다로 들어가는 시기다. 바다거북은 가장 위험한 시기를 서로 협업해 극복한다. 어미 거북은 천적으로부터 알을 보호하고자 모래를 깊이 파고 알을 묻는다. 그럼 부화한 새끼 거북은 어떻게 빠져나올 수 있을까?

맨 위의 새끼 거북은 천장을 뚫고, 중간에 있는 새끼 거북은 벽면을 허물고, 바닥에 있는 새끼 거북은 바닥을 다진다. 바닥은 점점 높아지고, 마침내 새끼 거북은 깊은 구멍에서 빠져나온다. 바다거북의 알을 1개씩 따로 묻으면 생존확률은 27%, 2개씩 묻으면 84%, 4개를 같이 묻으면 100%라고 한다.

반면에 바다 게를 항아리에 넣고 관찰해보면 1마리도 빠져나오지 못한다고 한다. 서로 먼저 나오려고 아우성치면서 상대를 끌어내리고 상처를 입힌다. 바다 게의 항아리 실험은 마치 현재 생계형 자영업자의 현실을 그대로 보는 것 같다.

바다거북 실험에서 협력의 중요성을 잘 알 수 있다. 협업하지 않을 때의 생존확률은 창업 후 3년 이내에 소상공인 폐업률과 거의 같은 수준이다. 소상공인도 협업을 통해 바다거북처럼 생존확률을 높여야 한다.

오늘날 기업의 경영 환경은 점점 어려워지고 있다. 식당도 예외는 아니다. 예전에는 골목 내 경쟁점포만 신경 쓰면 됐지만, 이제는 인터넷과 교통의 발달로 이웃 동네 식당과도 경쟁해야 한다. 간식으로 치부했던 빵집과도 경쟁해야 하고, 편의점 도시락과도 경쟁해야 한다. 심지어 새벽 배송을 하는 온라인 점포에도 손님을 빼앗기고 있다. 이러한 환경에서 기업들이 생존하기 위한 근본적인 해법은 전문화와 협업화를 통한 품질향상과 비용 절감이다.

현실적으로 중소기업들은 자체적으로 경쟁력을 확보하는 데 필요한 자원을 직접 조달하기 매우 어렵다. 급속하게 변화하는 기업 환경 속에서 필요한 자원을 모두 기업 내부에서만 조달한다면 그만큼 위험도 증가한다. 따라서 생존하기 위해서는 핵심역량을 보유하고 있는 영역은 전문화하고, 나머지 영역은 동업종 및 이업종 기업들과 협업을 통해 해결하는 것이 중요하다. 인터넷과 스마트폰 기술의 발달은 공동 작업을 위한 관리비용을 대폭 낮춰줄 수 있어 협업을 촉진하는 데 긍정적으로 작용하고 있다.

소상공인의 생존전략, 전문화와 협업화

✕

기업 간 협력이 신제품 개발이나 신시장 개척 등에 소요되는 비용과 위험부담을 줄이면서, 사업 성장 기반을 구축하고, 경쟁력을 확보하기 위한 새로운 대안으로 떠오르고 있다. 인천의 스타트업 4곳은 한 공간에 모여서 사업을 하기로 하고 협업을 위한 협동조합까지 설립했다. 헬멧제조업체, 생활용품업체, 업사이클링제품 디자인업체, 3D프린팅 교육업체로 업종도 제각각인데 왜 모였을까?

시장은 스타트업 제품이라고 봐주지 않는다. 대기업 제품과 동일선상에서 경쟁해야 한다. 그러나 기획력, 홍보 마케팅 능력, 제품화 능력을 다 갖춘 중소기업은 없다. 그렇다면 답은 모이는 것이다. 이 업체들은 벤처의 장점을 하나로 모으자는 취지로 협동조합을 시작했다. 혼자서는 살 수 없었던 고가의 시설을 공동 구입했다. 생산시설을 함께 쓰고, 조언해주고, 아이디어를 모아 제품을 출시했다.

이들은 생산시설뿐 아니라 필요할 때는 인력도 공유한다. 함께함으로써 '외로움'과 '막막함'이 해소되는 경험을 했다고 한다. 위로만 받는 게 아니다. 과거 5~6명만 있었던 때와 달리 30여 명이 한 공간에 있으면서, 투자자들이 찾아와도 '보여줄 만한 사무실' 모습도 갖췄다.

제품 아이디어를 사업화하기 위한 컨설팅과 시제품 개발 용역, 온라인 마케팅 등을 함께하면서 시너지도 생겼다. 스타트업이 모여서 협업을 하다 보니 정부 및 지자체 유관기관으로부터 무상지원도 받을 수 있으니 금상첨화다.

이처럼 각자의 독립성을 유지하면서 서로 함께할 수 있는 협업이나 협동조합은 소상공인의 생존율을 높이는 데 좋은 전략이 될 수 있을 것이다. 공동 구매, 공동 판매, 공동 생산, 공동 R&D개발, 공동 임차, 공동 교육이 대안이다.

협업이 도움이 될까? 성공할 수 있을까?

×

혼자 무언가를 하는 것에 익숙한 사람들에게 협업사업을 소개하면 가장 먼저 돌아오는 질문이다. 소상공인 전문가로 활동하는 사람들도 소상공인 컨설팅이나 지원사업의 실질적인 성과에 대해 회의감을 가지고 있는 것도 사실이다. 필자도 협업사업을 담당하기 이전까지는 그런 생각을 하기도 했다.

컨설팅이나 지원사업은 무언가를 알려주고 지원해주는 것이 목적이 아니다. 이를 통해서 소상공인에게 변화가 일어나고 도움이 되어야 한다. 그러나 얼마간의 컨설팅이나 지원으로 누군가를 변하게 만든다는 것은 매우 어렵다. 오랫동안 큰 변화 없이 살아오신 자영업 사장님들에게는 더 그렇다.

그러나 협업 지원사업은 일회성 과제를 수행하는 자영업컨설팅 사업과는 많은 차이가 있다. 우선 협업계획 실행을 위해 몇천만 원 정도의 자금이 지원된다. 그리고 2~3년에 걸쳐 협업의 실행을 관리하고 성장하도록 지원하는 방식이다. 그렇기에 많은 수의 소상공인을 2회 정도 지도해주는 자영업컨설팅과는 성격이 다르다. 여럿에게 조금씩 나눠주는 것이 아니라 혁신을 원하는 소수의 기업을 집중지원해서 변화를 이끌어내는 방식이다.

소상공인 컨설팅이 성공하기 위해서는 기업이 컨설팅을 받을 의사가 분명해야 하고, 컨설턴트는 지도 업무뿐만 아니라 그 업종 현황에도 정통해야 한다. 즉 소상공인 컨설팅이 성과를 내기 위해서는 진성수요, 일정 수준의 수행기간, 업종과 분야에 맞는 컨설턴트 매칭이 기본 조건이다. 아마 소상공인 지원사업이 대부분 형식적인 지원에 그치는 것은 업종이나 컨설팅에 대한 직접적인 경험 없이 실적을 맞추기 위한 사업을 설계하기 때문에 발생하는 측면도 있을 것이다.

그러나 필자는 오랫동안 자영업 협업화 지원사업을 담당하면서 이 사업이 실질적인 성과를 낼 수 있는 사업이라는 확신을 가지게 되었다. 변화를 시작하기 위한 협업지원금이 지급되기 때문에 그 돈을 목적에 맞게 활용하고 협업활동을 성실하게 해나간다면 충분히 가능하다.

참여기업들의 적극적인 협업활동은 성장을 위한 트리거 내지 티핑 포인트를 만들어준다. 디자인과 품질은 갖추고 있지만 상품 구색과 홍보가 부족했던 구두업체 쥬아나윤, 서체가 없어 공공기관 및 대기업

시장 진출을 못하던 광고업체 엠애드, 귀금속 디자인을 마음껏 실행해볼 수 없었던 디자인오투(O2), 협업을 통한 성장을 열망했지만 구심점을 만들 수 없었던 락어패럴 등은 협업사업을 트리거로 활용하고 티핑포인트를 만들어갔다.

물론 소상공인 협업이 스타기업이라고 할 만큼의 성공을 이끌어낼 수는 없다. 그러나 30년간 그 자리에 머물러 있던 사장님들에게 새 시장으로 갈 기반을 만들어주고, 오랫동안 노력해온 젊은 사장님들에게 도약의 발판을 만들어주고 달음박질하게 하는 정도의 성공은 얼마든지 가능하다.

협업사업이 성과를 내기 위해 협업 참여자들이 갖추어야 할 기본적인 마음가짐을 좀 더 구체적으로 생각해보자.

첫째, 사장님들이 개방적인 마인드와 상호 간 협력을 통해 성장하려는 생각을 가지고 있다면 그 협업의 시작은 일단 성공적이다.

둘째, 목적이 같고 역할의 중복이 없고 서로 좋아하는 사람끼리 협업체를 구성해야 한다. 서로 유대관계가 좋아야 성공할 가능성이 높다. 그렇지 않으면 작은 일로 의견충돌이 생기고 반목하면서 쓸데없이 에너지만 낭비된다. 지원을 받기 위해 급조된 협업체라면 해체하고 다음 기회에 참여하는 편이 낫다.

셋째, 협업에 참여하는 사장님들이 당장 필요한 것을 받기보다는 자신들을 한 단계 레벨업시킬 수 있는 지원을 받겠다는 생각을 가져야 한다. 예를 들면 비용 절감을 위해 포장패키지 지원을 받는다면 지금 쓰고 있는 포장박스 구입비용을 받고 싶겠지만, 이것은 중장기 성장기반을 마련하는 데는 큰 도움이 되지 않는다. 같은 포장패키지를 지원받아도 포장박스 구입비용을 받는 것이 아니라 스토리텔링을 통해 브랜드를 만들고 박스를 디자인해 새롭게 제작된 포장패키지를 지원받아야 한다.

넷째, 협업 지원기관은 협업에 필요한 설비나 용역을 엄선해서 지원하고, 2~3년간 지속적으로 협업실행을 이끌어내기 위해 노력할 것이다. 이 기간 동안 신제품 개발 및 홍보 마케팅 지원, 크라우드펀딩 및 협동조합 교육, 정부 및 지자체 지원사업 연결 등 종합적인 지원도 하게 되는데 이에 대해 적극적으로 참여하려는 구성원들의 노력이 있어야 한다.

다양한 업종별
소상공인 협업모델

소상공인의 협업은 업종별로 다양한 형태로 진행된다. 특히 같은 업종이 밀집되어 있는 전통시장이나 업종별 클러스터에서는 협업을 모으거나 성과를 내는 데 더 적합했다. 가락시장 상인들은 나물 삶는 반자동 협업설비를 도입했는데 작업의 효율성은 높아지고 품질도 향상되었다. 매일 나물을 운송하고 열악한 환경에서 작업해야 했던 고된 노동에서도 해방되었다. 종로 귀금속단지의 제조업체들은 디자인한 샘플을 마음껏 뽑아볼 수 있어 제품의 완성도가 올라가고 새로운 모델을 디자인하는 것도 훨씬 수월해졌다.

노원구 도봉구 동네 빵집

도봉구 쌍문역 앞에서 과자점을 운영하는 제과명장은 노원구와 도봉구 동네 빵집 17곳과 자연효모종 및 파이류 반죽을 생산하는 협업사업장을 운영하고 있다. 처음에는 7곳이 참여해 자연효모종 반죽만 생산했지만 참여하는 업체가 늘어나면서 배송차량과 파이롤러 시설을 추가 지원받았다. 이제 자연효모종과 파이류 반죽을 직접 생산해 활용함으로써 품질은 높이고 비용은 절감할 수 있는 시스템이 완성되었다. 공동 브랜드 '디어블랑제'도 3년간 홍보 지원을 받으면서 인지도가 높아져 동네 빵집들의 경쟁력 향상에 많은 도움이 되었다.

용산구 봉제공장

협업사업이 가장 많이 지원된 곳은 패션의류를 제작하는 봉제공장이다. 서울시에 봉제공장이 가장 많이 분포되어 있고, 중국·베트남의 경쟁력이 높아지면서 어려운 상황에 처해 있다. 그래서 봉제업은 협업화 지원이 절실한 업종이기도 하고, 분업화되어 있어 협업화가 용이한 업종이기도 하다. 락어패럴 이 대표가 이러한 어려움을 타개해보고자 서울역 서부 지역인 용산구 청파동·만리동 지역 봉제공장들의 협업을 이끌어냈다. 패턴CAD, 마카플로터, 웰팅기 등을 지원받아 공동 생산의 기반을 마련했다. 협업사업을 진행하면서 봉제인들의 조직이 탄탄해지며 사단법인 설립, 봉제 마이스터 교육기관 운영, 봉제 메이커 스페이스까지 설립했다.

송파구 가락시장 나물상인

가락시장에서 건나물과 삶은 나물을 취급하는 상인들은 생나물을 낙찰받아 서울 근교의 작업장으로 가져가서 삶은 후 다시 가락시장으로 되가져와서 팔았다. 하지만 가락시장 내 협업 지원을 받으며 달라졌다. 작은 솥으로 수차례 삶아야 했던 작업은 대형 솥으로 한 번에 삶고, 손으로 뜨거운 나물을 옮기던 작업은 호이스트로 대신했다. 상인들은 고된 노동에서 해방되었고, 낙찰받은 나물을 당일에 삶아서 팔 수 있게 되면서 품질도 대폭 향상되었다. 협업이 시장의 문제를 해결한 좋은 사례다. 1개 점포에서 단독으로 설치하면 투자금도 커지고 용량에 비해 작업물량은 모자라서 설비의 효율성이 떨어진다. 하지만 여러 상인이 협업해 효율성을 높일 수 있었다.

동대문구 경동시장 인삼가게

경동시장에는 인삼을 전문으로 취급하는 상인이 많다. 이곳 상인들도 자영업 협업사업에 참여해 냉동창고 2동을 지원받았다. 참여업체 중 한 곳은 지원 당시 4억 원대였던 매출액이 1년 후에는 7억 원대, 2년 후에는 10억 원을 훌쩍 넘기는 성공을 거두었다. 인삼상인의 포부와 협업 지원사업의 궁합이 딱 맞아떨어지면서 전통시장 상인들도 혁신할 수 있다는 사실을 입증했다.

영등포구 인쇄단지 제조·디자인업체

문래동에는 인쇄 및 포장패키지업체들이 몰려 있는 지식산업센터가 있다. 이곳에서 인쇄디자인업체를 운영하는 목 사장은 단지 내 인쇄업체 사장들과 협업사업을 신청했다. 협업지원으로 인쇄서체와 수지인쇄판 작업설비를 도입했다. 이 회사는 그동안 정식서체가 없어서 입찰 납품 건에는 참여할 수 없었고, 인쇄업체들은 제판작업을 외부에 맡기다 보니 수익성이 낮았다. 각자 처리하던 디자인 작업을 한곳에 모으고, 인쇄 작업은 협업체 간에 거래비중을 높였다. 지원받을 당시 5억 원대였던 매출액은 다음 해에 수직 상승해서 16억 원을 넘어섰다. 실력을 갖추고 있던 업체가 맞춤형 협업사업을 진행하자 성장기업으로 발돋움했고, 오랫동안 구상해왔던 종합광고대행사를 설립하는 계기가 되었다.

종로구 귀금속단지 주얼리 제조·디자인업체

종로구 귀금속단지 내에서 주얼리 디자인 및 유통업체를 운영하는 디자이너 출신 최 대표는 귀금속단지 내 주얼리 제조업체 3곳과 연합해 쾌속조형기를 지원받았다. 다양한 디자인 원본을 직접 생산하자 제품의 완성도가 높아졌으며, 참여기업들은 매달 50만 원에서 170만 원까지 외주비용이 절감되었다. 또 참여한 제조업체는 납기가 단축되면서 일감이 늘어났다. 여러 업체가 다양한 제품을 만들 수 있게 되면서 공동 브랜드까지 론칭했다.

송파구 가든파이브 종이가구업체

작은 창고들을 가지고 사업을 하는 제조·유통업자들이 수천만 원하는 전동 리프트를 혼자 구매해서 쓰기에는 경제성도 떨어지고 자금을 투입할 여력도 없다. 골판지로 종이가구 및 학생교구 등을 만드는 종이제품업체들은 물류작업량이 많은데, 작업자들이 수동 리프트로 물건을 나르면 시간도 오래 걸리고 육체적으로 고되다. 협업사업으로 개발장비 외에 전동 리프트도 구입했다. 마침 입주한 사업장 건물은 창고 전용으로 지어진 건물이라 전동 리프트를 사용하기에는 안성맞춤이었다. 주변업체들도 공동 사용할 수 있었고, 물류작업 시간이 짧아지면서 품질향상에 더 힘을 쏟을 수 있었다.

성동구 여성화 제조·디자인업체

우리나라 구두의 메카 성수동에는 구두공장 장인들만 있는 것은 아니다. 젊은 디자이너들이 디자인 능력을 바탕으로 나름대로 차별화 방안을 가지고 도전하고 있지만 자립하는 것이 녹록하지 않다. 쥬아나 윤의 윤 대표도 편하게 신을 수 있는 하이힐을 만들면 경쟁력이 있다고 판단하고 여성수제화 시장에 뛰어들었지만 몇 년이 지나도 손익분기점을 넘기기 어려웠다. 사업에 회의감이 들 때쯤 우연히 알게 된 협업화 지원을 통해 평소에 생각해두었던 콘셉트로 중저가 브랜드를 하나 더 만들었다. 홍보 지원으로 기업과 브랜드가 알려지면서 매출액이 급증했다. 본인의 디자인 및 제품기획 능력과 적절한 지원사업이 결합하면서 티핑포인트를 제대로 만들어낸 것이다.

강동구 공방 거리 공예업체

강동구는 엔젤공방 거리를 조성하고 보증금과 임차료를 지원하고 있다. 그래서 이곳에 금속공예, 플라워공예, 가죽공예, 전통공예 등 능력 있는 젊은 인재들이 모여 있다. 그러나 구청의 지원만으로 이들을 육성하는 데는 한계가 있었다. 이곳에 모인 공예업체들은 엔젤공방이라는 공통점이 있어 유대관계가 좋았고 협업을 수행할 능력도 갖추고 있었다. 이런 배경에서 젊은 사장들이 모여서 활발하게 협업사업을 진행했고 협동조합까지 설립해서 중장기적인 성장 기반까지 갖추었다. 현재 이 협동조합은 강동구 엔젤공방 거리에서도 중추적인 역할을 하고 있다.

생선구이 또는 한식 음식점

대부분의 음식점이 임대료가 비싼 점포 내에 여러 대의 냉장고를 두고 생선 및 식자재를 보관한다. 하지만 점포 내에는 오늘 쓸 식자재만 보관하고, 임대료가 싼 뒷골목에 냉동창고를 공동으로 운영한다면 상당히 비용을 절감할 수 있다. 또 냉장고 문을 자주 여닫아서 다른 날 쓸 식자재의 선도가 떨어질까 걱정하지 않아도 된다. 지인들끼리 같은 브랜드를 쓰고 있던 한가람 한정식 사장들은 협업사업으로 공동 조리센터를 구축했다. 한식당의 노동 생산성을 향상시키는 데 많은 도움이 되었을뿐더러 반찬사업으로 확장할 수 있는 기반이 되었다.

앞선 협업사례는 2011년부터 시작된 서울시 자영업 협업화 지원사업 프로젝트 중 일부를 정리한 것이다. 2020년까지 약 150개 협업사업계획이 지원되었는데, 지원을 받은 업종은 한식당 및 커피전문점 등 음식업종, 떡집 및 제과·제빵업종, 슈퍼마켓 및 편의점 등 소매업종, 디자인 및 홍보대행 등 사업서비스업종, 구두 및 가방을 만드는 가죽제품 제조업종, 종이인쇄 및 포장패키지를 생산하는 인쇄관련업종, 금속 및 주얼리공예업종, 서울 지역에서 소공인 비중이 가장 높은 봉제업종, 청소서비스업체까지 매우 다양하다.

성공적 협업을 위한
지속성과 확산성

협업의 지속성을 높이는 방법

×

소상공인이 협력을 통해 경쟁력을 높이자는 취지는 매우 좋으나 사업 성과를 내기 위해서는 협업의 지속성도 담보되어야 한다. 서울시 협업화 지원제도는 개별 기업 3개 이상을 협업체로 묶어서 지원하다 보니 추진주체의 리더십과 참가업체의 적극성에 의존해야 하는 문제가 있다. 이러한 단점을 보완하면서 협업의 지속성을 높여주기 위해서 아래와 같은 몇 가지 사항을 고려해 지원한다.

첫째, 유형물인 공동 이용시설 위주로 지원한다. 제조업 사장님들은 기계에 대해서 기본적으로 애착이 큰 편이다. 매일 생산업무를 하면서 기계를 자주 접하다 보니 협업설비 활용에도 관심이 높아서 지속적으로 협업활동에 참여할 가능성이 높다. 협업설비를 지원받을 때는 공동으로 필요한 설비를 지원받아야 한다. 지원기관도 이 부분을 신중하게 검증하고 있다.

둘째, 같은 사무실, 같은 건물, 같은 골목 내에 있는 기업들로 구성된 협업체를 우선적으로 지원한다. 설비를 공동으로 이용하기 위해서는 거리가 매우 중요한 요소라는 것이 그동안의 지원사업에서 증명되었기 때문이다.

셋째, 협업기업 모두가 필요하고 사용빈도가 높은 시설을 지원받아야 한다. 또한 그 업종의 생산품과 직접적인 관계가 있어야 한다. 적은 경비를 절약하겠다고 간헐적으로 사용하는 시설을 신청한다면 협업의 진정성을 의심받을 수 있다. 동대문구 창신동의 봉제업체는 공동 사용이 가능한 봉제 후가공설비를, 종로구 귀금속단지 내 주얼리업체는 디자인 원본을 제작하는 쾌속조형기나 음각가공에 필요한 조각기를, 지류제품 협업체에는 샘플을 마음껏 제작해볼 수 있는 레이저커팅기를, 가방이나 핸드백을 만드는 가죽제조업체에는 가죽피할기를 지원하는 식이다. 전통시장에는 냉동·냉장창고가 많이 지원되었다. 협업을 하는 기업들 모두에게 필요한 시설을 지원받는다면 당연히 협업의 지속성은 높아질 것이다.

넷째, 유대관계가 좋은 사장님들로 구성된 협업체를 우선 지원한다. 서로의 친밀도가 높아야 시설을 이용하는 데 훨씬 편리하다. 그래야 협업기업들끼리 공동 브랜드를 만들거나 공동 영업을 하는 2차 협업도 가능해진다.

공유형과 개방형 협업사업

×

협업설비를 공유형 또는 개방형으로 사용하는 방법도 있다. 디어블랑제 협업체에 지원된 설비는 지원사업에 참여한 기업만 사용한 것이 아니고 인근의 동네 빵집들은 회비만 내면 누구나 가입해서 설비를 활용할 수 있었다. 협업설비가 지역 내 소상공인의 공유설비가 된 것이다.

용산구 서계동 일대 봉제 협업체에 지원한 협업설비도 지역자산이 되었다. 추진주체는 지원 당시 지역의 봉제업체들에게 개방해서 사용하겠다고 약속해서 매우 긍정적인 평가를 받았다. 협업화 지원 이후에 추진주체 대표자는 한국패션봉제협회라는 사단법인을 설립하고, 동사무실에 일부 공간을 활용해 협업설비를 설치해 사단법인 회원사가 공동으로 이용하도록 했다. 서울시는 더 많은 회원들이 효율적으로 이용할 수 있도록 회원사 1개 팀을 추가 선정해 지원했다. 이로써 2개 팀의 협업설비를 한곳에서 운용하게 되었고, 70여 협회원들의 지역자산이 되었다. 물론 법률적으로는 지원사업에 참여한 기업의 소유자산이나 참여기업들이 다른 봉제업체들의 공동 사용에 동의함에 따라 70여 개의 사단법인 회원사도 참여기업에 준하는 조건으로 이용할 수 있었다.

개방형 협업을 시도한 사례도 있다. 방산시장 포장패키지 관련 업체들로 구성된 협업체에는 포장패키지 후가공시설을 지원받으면서 개방형 시설 운영을 계획했다. 즉 사업 참여기업들은 공동 사용하되,

협업기업 중에 이용의사가 있는 기업들도 참여할 수 있도록 개방형으로 사용하기로 한 것이다. 협업 참여기업 4개 업체 이외에 다른 협업기업 및 소상공인 6개 업체가 추가로 참여해 거점형 협업센터로 운영했다. 개방형 설비 운영은 사용조건을 합리적으로 정해야 하는 등 보완할 점이 있지만 제대로 정착된다면 소상공인의 개발센터 역할을 하고 협업기업들의 지역 거점 역할을 할 수 있는 좋은 사례가 될 것이다. 협업 지원기관이 추가 인센티브를 주거나 거점형 협업센터로 공식 인정해주는 제도를 마련한다면 소상공인 협업사업에 중요한 역할을 하리라 판단된다.

협업 지원사업을 수행하는 정부 유관기관의 사업 담당자가 개방형 및 공유형 협업사업에 관심을 가지고 발전시키면 좋은 결과가 있을 것으로 보인다. 이러한 방향은 사회적 시장경제라는 큰 틀에도 부합되는 개념이라고 생각된다.

협업 확산성의 최적지, 전통시장

×

마켓컬리는 모바일 앱으로 식재료를 주문하면 다음 날 새벽에 배송해주는 '샛별배송'을 하는 업체다. 2015년 사업을 시작해서 2019년에는 매출액이 전년 대비 173%가 증가한 4,289억 원, 누적 가입자 수 390만 명이라는 경이적인 기록을 세웠고, 유니콘 기업으로 인정받았다. 2020년 10월에 포니정재단 영리더상을 받았는데, 국내 유통업계

최초로 새벽배송 개념을 도입하고, 친환경경영 및 상생경영을 한 것이 수상의 이유다.

마켓컬리가 초기의 어려움을 극복하고 고속 성장한 비결에는 혁신과 차별화 전략 외에 소상공인과의 협업 전략도 있었다. 창업 초기에 잘 팔리던 빵과 떡, 쿠키 등을 「식품위생법」으로 팔지 못하게 되자 소상공인과의 상생 및 협업을 통해 위기를 극복했다. 같은 목적으로 시설이 필요한 기업과 협업하면 적은 투자로도 목적 달성이 가능하다고 생각해 또 다른 스타트업 오버더디쉬와 함께 성수연방을 만들었다. 식품제조시설을 공유하는 방식으로 비용도 절감하고 규제도 피한 것이다. 물론 이것은 첼시마켓에서 아이디어를 얻었고, 마켓컬리가 취한 여러 가지 전략 중 하나로 보인다. 우리는 이 사례를 보면서 협업에 대한 영감을 얻을 수 있을 것이다.

우리나라 전통시장은 소상공인 협업을 하는 데 최적의 조건을 갖춘 곳이다. 같은 공간 내에 수많은 상점이 몰려 있고, 배후에는 창고와 공급사가 있다. 냉동·냉장류를 판매하는 상점은 똑같은 냉장시설을 점포마다 설치하지만, 옆집과 공유하면 30%의 공간과 비용을 절감할 수 있다. 음식점과 정육점이 협업한다면 음식점은 정육점 냉장고에 고기를 보관할 수 있고, 정육점은 음식점이 사용하는 물량까지 구매할 수 있어 구입단가를 낮출 수 있다. 음식점은 매일 신선한 고기로 요리할 수 있으니 고객만족도는 높아진다. 〈백종원의 골목식당〉 프로그램에서는 포방터시장 홍탁집 사장님이 닭볶음탕을 요리할 때 시장 정육점에서 닭고기를 구매했지만, 실제 시장 음식점이 식자재를 같은 시장에서 조달하는 비중은 생각보다 낮다. 신선도보다는 구매가격이 더 중요한 기준이 되기 때문이다. 그러나 협업을 하면 가격도 낮출 수 있는 방법이 생긴다.

시장에서 매일 쓰는 밀가루를 공동 구매하면 15%의 비용을 절감할 수 있다. 납품업체의 물류비용과 관리비용이 절감되기 때문에 사회 전체적으로도 불필요한 비용이 감소한다. 이러한 사실에는 공감하지만 개별 상인들이 이를 실행에 옮기기는 어렵다. 이런 시스템을 구상하는 것도 쉽지 않고 진행 과정에서 비용도 발생하기 때문이다. 그러나 문제는 현재와 같은 운영 방식으로는 전통시장 상인들의 수입은 점점 줄어들 뿐이라는 것이다.

이런 문제는 시장의 임원진이 뜻을 모아 협업으로 해결해볼 수 있을 것이다. 전에는 이러한 문제를 해결하기 위한 갈등조정비용과 관리조직 운영비용이 공동 구매이익보다 낮았기 때문에 효용성이 낮았다. 그러나 이제는 지능형 공급망 관리시스템 등에 의해 거래비용을 대폭 낮출 수 있기 때문에 성공 가능성은 한층 높아졌다.

상인 간의 협업을 통한 비용 절감, 개별 상인들의 차별화가 모여 지역 브랜드를 만드는 협업이 절실하다. 시장을 홍보해주거나 상인들의 애로사항을 부분으로 쪼개서 개별 사안으로 지원하는 방식으로는 대기업의 효율성을 따라잡을 수 없다. 시장상인회의 지도자들이 첼시마켓이나 성수연방과 같은 빅픽처를 그려서 협업으로 문제를 해결해나가는 현명한 결단이 필요해 보인다.

협업에는 성공사례가 필요하다

×

기업의 경영개선을 위해 교육을 많이 활용하고 있지만, 몇 개의 기업이 함께해야 하는 협업은 교육보다는 실제 성공사례가 소상공인의 협업에 대한 인식변화를 가져오는 데 훨씬 중요하다. 그래서 정부와 지자체의 협업수행의지가 있는 기업체들을 집중적으로 지원해서 실질적인 성공사례를 많이 만들어내야 한다.

소수의 협업사업에 집중적인 지원을 해서 실질적인 성공사례를 만들어내는 것이 정부 및 지자체의 협업 활성화 지원사업에서 가장 필요하다는 근거는 중소기업연구원에서 발표한 "소상공인 협업화·활성화 방안연구" "소상공인의 조직화·협업화 모델제시와 정책방향" 등의 논문을 통해서도 뒷받침되고 있다.

협업에 대한 경험이 없던 사장님들이 협업지원금 3천만~4천만 원을 지원받았다고 해서 1년 만에 협업사업에서 의미 있는 성과를 거둘수 있을까? 이미 협업 기반이 마련되어 있는 특정 프로젝트를 제외하고는 그럴 수 없다는 것은 누구나 알고 있을 것이다. 1년간 협업을 진행하면 이제 협업이 무엇인지 조금 알게 되는 수준이 된다.

소상공인시장진흥공단이 지원하는 협동조합 협업 활성화 사업은 지원한도를 정해놓고 몇 년에 걸쳐 지원받도록 하고 있는데, 앞서 언급한 문제에 대한 이해가 깔려 있을 것이다. 예비협동조합 단계에서 지원되는 지방자치단체의 협업화 지원사업도 이런 방향으로 설계되는 것이 바람직할 것이다. 1개라도 더 많은 수의 기업들에게 협업을 지원하는 것에 집착한다면 협업의 실질적인 성과와는 더 멀어질 수밖에 없다. 1단계 지원을 하고, 협업을 잘 실행하면 2단계로 추가지원을 하고, 그중에서도 성공적인 기업은 3단계 이상까지도 지원해야 한다. 그래야 소상공인 협업이 하나의 패러다임이 되고 제대로 된 또 다른 협업사업이 잉태된다. 딱 한 번의 기회가 있는 형식적인 협업은 붕어빵처럼 딱 그만큼의 수준에 머문다.

협업지원 시스템도 진화해야 한다. 공유형 협업과 개방형 협업을 적극 지원해서 협업에 대한 인식을 바꿀 필요도 있다. 협업설비를 지역 자산화한 협업프로젝트는 더 오랫동안 유지되었고 이를 기반으로 협동조합이나 사단법인 등의 조직도 만들어졌다. 샘플과 응용제품을 만드는 공간, 메이커 스페이스 형태로 운영되도록 하는 개방형 협업도 많이 지원되어야 한다. 사업장 바로 옆에서 협업공간을 만날 수 있도록 소상공인의 협업을 상시화해야 한다. 그래야 이탈리아의 가죽장인, 미국의 첼시마켓 상인, 일본의 100년 가게 사장과 같이 대기업 직장인이 부러워하는 소상공인 사장님들이 많이 육성될 수 있을 것이다.

국내 소상공인을 위한
협업 지원정책

중소기업의 경쟁력 강화는 어느 나라에서나 중요한 정책이다. 이 중에서도 서민과 중산층에 많은 일자리를 제공하면서 지역경제의 기반을 이루고 있는 소상공인의 생존율 문제는 항상 중요한 의제다. 소상공인의 경쟁력을 강화시키는 방법 중에 소상공인의 조직화 및 협업화가 가장 효과적인 전략 중 하나로 제시되고 있다.

그러나 이 사업은 참여자들의 합의가 수반되어야 하는 문제가 있어서 단기간 내에 성과를 내기 어렵다. 더군다나 이런 종류의 사업은 합의 과정에서 갈등이 발생하거나 일부 구성원의 무임승차가 나머지 구성원의 의욕을 저하시켜서 중도포기를 야기하는 등 지원사업 관리에도 어려움이 있다. 이런 이유 때문인지 정부 및 지자체에서도 좋은 사업이라는 것은 알지만 그에 상응하는 만큼 사업을 확대하는 것은 조심스러워하는 듯하다. 그러다 보니 국내 소상공인 협업화 지원정책은 아직 제대로 자리를 잡지 못하고 있는 것이 현실이다.

협업이 무엇인지, 어떻게 하는 것인지, 협동조합의 정신이 무엇인지에 대해서 알지도 못하는데, 리더 한 명이 열심히 노력해서 형식적인 요건을 잘 갖추면 무상지원자금을 받을 수 있다. 원래의 사업취지와 다른 방향으로 활용되고 있는 협동조합들이 많다는 것은 공공연한 비밀이다. 현재의 협동조합 협업화 지원정책이 요건 위주로 지원되고 있기 때문이다. 실질적인 협업이 많이 나오지 않는 이유다.

물론 우리나라는 소상공인 협업과 일반 협동조합의 역사가 짧기 때문에 무상지원이라도 해서 속성으로 협동조합을 육성해야 한다는 점은 동의한다. 이를 보완할 수 있는 방법으로 협업을 먼저 체험해보도록 예비협동조합 단계에 대한 지원을 강화하는 것이 바람직해 보인다. 이웃 사장님들과 작은 협업활동을 해보면서 협업을 경험하고, 협업이 사업 경쟁력 강화에 도움이 된다고 판단되면 협동조합을 만들어서 운영해나가도록 단계적으로 지원해주면 된다. 이런 과정을 거쳐 설립된 협동조합은 오랫동안 운영될 확률이 높을 수밖에 없다.

서울시 자영업 협업화 지원사업

×

서울시 자영업 협업화 지원사업은 서울시의 소상공인 종합지원사업 중 하나다. 이 사업은 대기업 및 대형 프랜차이즈의 진입으로 직접적인 피해를 본 골목상권 및 전통시장의 소상공인 지원을 목적으로 시작되었다. 현재는 서울시 고용의 큰 축을 담당하는 봉제업, 인쇄업, 구두 및 가죽제품 제조업, 주얼리 및 공예업 등을 영위하는 소공인 지원 비율이 더 높은 편이다. 협업화 사업의 성격이 소공인에게 더 적합한 측면도 있고, 슈퍼마켓 및 전통시장으로는 정부의 맞춤형 지원사업이 더 많이 이루어지는 것도 이유일 것이다.

서울시의 자영업 협업화 지원사업은 2011년부터 시작되었다. 소상공인시장진흥공단의 협동조합에 대한 협업화 지원사업은 2013년에 시범사업이 진행되었으니, 소상공인 협업화에 대해 가장 먼저 관심을 가지고 정책적으로 지원했던 곳은 서울시가 원조인 셈이다.

자영업 협업화 지원사업은 3명 이상의 소상공인이 협업사업계획을 제출하면 공동 시설, 공동 운영시스템, 공동 브랜드 구축을 지원하는데, 소요자금의 90% 이내에서 무상지원하는 방식이다. 임의의 협업체에 지원하다 보니 3개 업체가 같이 협업을 할 수 있는 여건이 조성되어 있는지를 집중적으로 검토하는 편이다. 협업을 지원받은 이후에 협업체를 중심으로 협동조합을 설립하도록 유도하고 있다. 그러다 보니 자연스럽게 예비협동조합 단계에 대한 지원 성격도 가지게 되었다.

협업설비를 지원받아 협업을 경험하면서 공동 브랜드, 공동 마케팅 등 2차 협업활동을 활발하게 하거나 협동조합으로 발전하는 사례들이 많이 나타나고 있다. 이때 조금만 더 도와주면 협업화의 완성도를 크게 높일 수 있다. 이 부분에 대해서 체계적인 지원프로그램이 강화되면 좋을 것이다.

협업에도 단점은 있다

×

소상공인 협업화는 소상공인의 경쟁력 향상 및 생존문제 해결을 위해 선택한 패러다임이다. 그러므로 정책을 주도해나가는 기관의 역할이 매우 중요하다. 협업 지원사업을 추진하면서 자금만 지원해주기보다는 성공적인 협업을 이끌기 위한 과정을 마련하고 지도해야 한다. 지원기관은 조직화 및 협업화에 필요한 과정을 체계적으로 정리해 알려주어야 한다. 이러한 문제를 잘 인식하고 실천하는 기관으로 서울시협동조합지원센터를 들 수 있다. 서울시협동조합지원센터(15445077.net)는 기본교육과 심화교육 과정이 마련되어 있어 원하는 시기에 상시적으로 교육을 받을 수 있다. 또한 협동조합 간의 매칭을 지원하거나 성공사례를 적극적으로 공유하고, 협동조합의 설립 및 운영에 필요한 실무서식도 지속적으로 만들어 제공하고 있다.

기업 간의 협업은 장점이 많지만 단독으로 운영하는 기업보다 의사결정 과정은 더 복잡할 수밖에 없다. 참여기업들과 설비를 공동 사용한다면 간단한 사용원칙을 만들어야 한다. 브랜드를 만들 때도 각자의 취향이 다르기 때문에 의견을 모으는 데 시간이 오래 걸릴 수 있다. 협업설비를 놓을 장소도 필요하고 운영하는 데 비용도 발생한다. 협업기업 간에 설비를 활용하는 시간이나 작업물량도 다르기 때문에 이에 대한 문제도 사전에 조율되어야 한다.

첫째, 협업 운영원칙에 대해서 협약서를 작성해두어야 한다. 협약서는 분쟁이 발생했을 때 기준이 되기 때문에 쓸데없는 감정싸움을 줄일 수 있다. 기관이 기본내용을 담은 표준협약서를 샘플로 제공해주겠지만 각 협업체의 상황이 다르기 때문에 적절하게 수정해서 작성해야 한다.

둘째, 협업을 진행하면서 미처 예상치 못한 문제가 발생할 수 있다. 이런 경우에 대비해서 의사결정의 원칙을 명확하게 정해놓아야 한다.

셋째, 협업설비나 공동 브랜드를 활용하다 보면 운영비용이 발생하는데 이에 대한 부담원칙은 명확하게 정해야두어야 한다. 공유형 협업이나 개방형 협업에서는 지역사용자에 대한 적절한 가격 수준도 정해두어야 한다.

넷째, 협업의 기본원칙을 명확히 이해해야 한다. 협업 및 협동조합에 대한 기본교육을 충실히 받는 것도 중요하다.

그러나 아무리 좋은 내용의 협약서를 만들어도 계약서로 따져야하는 상황이 온다면 협업은 어려워진다. 그래서 처음부터 협업체를 잘 구성하는 것이 중요하다.

전국적으로 확산되는 협업화 지원사업

✕

정부가 2013년부터 매년 수백억 원의 예산을 책정해서 협동조합에 대한 무상지원사업을 전개한 덕분에 2021년 1월 기준 전국적으로 19,500개, 서울 지역에만 4,380여 개의 협동조합이 설립된 상태다.

2021년에도 소상공인 협동조합 협업 활성화 지원예산만 165억 원에 달한다. 그동안 정부의 엄청난 물량 공세와 조직 활성화 사업으로 외형적으로는 어느 정도 성장했다고 볼 수 있다.

협동조합 이전단계에 지원하는 소상공인 협업화 지원사업은 서울시가 처음으로 시작했고, 2021년에도 약 10억 원 규모의 예산이 배정되는 등 활발하게 진행되고 있는 사업이다. 몇 년 전부터는 여러 지방자치단체에서 서울시 협업화 지원사업을 벤치마킹해갔고, 현재 꽤 여러 지방자치단체들이 서울시와 유사한 형태의 협업화 지원제도를 도입하고 있다. 지방자치단체의 특성이 있기 때문에 금액이나 형태 면에서는 약간 다르겠지만 대부분의 지방자치단체로 퍼져나갈 것으로 보인다.

자영업 협업화는 자금지원만으로 완성되는 사업은 아니다. 협업화를 추진하는 협업기업 사장들의 의식이 변해야 성공할 수 있는 사업이다. 이에 서울신용보증재단은 자영업 협업화 지원사업을 추진하면서 사업설명회 참여를 신청의 기본조건으로 하고 있다. 심사를 할 때도 참여업체 전체에 대한 현장실사를 실시한다. 협업체 선정 후에는 기본교육에 반드시 참여하도록 한다. 또한 협업화 성공사례 발표와 협동조합 설립에 대한 무료 교육도 실시한다. 이러한 과정을 통해서 협업과 협동조합의 정신을 조금이라도 심어주는 것이 지원기관의 중요한 역할 중 하나다.

성공하는 협업사업을 위한
몇 가지 제언

협업과 티핑포인트

×

때로는 엄청난 변화가 작은 일들에서 시작될 수 있다. 티핑포인트는 어떠한 현상이 서서히 진행되다가 작은 요인으로 한순간 폭발하는 것을 말한다. 말콤 글래드웰은 자신의 저서 『티핑포인트』에서 신발 브랜드 허시파피(Hush Puppies)를 티핑포인트의 예로 들었다.

한때 유행했지만 연간 3만 켤레 수준으로 뚝 떨어진 허시파피는 그저 그런 가죽신발 브랜드로 머물러 있었다. 그런데 갑자기 다음 연도에 43만 켤레가 팔려나가고, 그다음 해에는 170만 켤레가 팔려나가는 대이변이 일어났다. 허시파피에 무슨 일이 있었던 것일까? 영화 〈포레스트 검프〉에서 톰 행크스가 신었고, 몇몇 디자이너들이 패션쇼에서 아이템으로 사용해 입소문이 퍼지면서 매출이 폭증한 것이다.

소상공인이 협업을 한다고 성과가 나올까? 협업사업으로 대단한 것을 지원받는 것도 아니고, 사업 운영에 뛰어난 재주가 있는 것도 아닌데 성과를 낼 수 있을지 의심되는 것은 사실이다. 하지만 단언하건대 소상공인도 협업화 사업으로 티핑포인트를 만들어낼 수 있다고 확신한다.

별로 특별하지도 않았고 기대하지도 않았던 전통시장 냉동창고 지원사업에서 티핑포인트를 경험한 것은 놀라운 일이었다. 경동시장 도사장을 대표로 하는 협업사업에 냉장창고 2동을 지원한 사례가 있다. 냉동창고를 설치하면서 사시사철 상품공급이 가능해졌다. 이를 바탕으로 납품을 늘려서 5년째 4억 원대에 머물러 있던 매출을 3년 만에 15억 원으로 성장시켰다.

성수동에서 여성화 브랜드를 만들어서 인터넷으로 팔던 디자이너 출신 대표는 창업한 지 4년이 흘렀지만 수익을 내지 못하고 있었다. 하지만 협업을 하면서 평소 생각하던 중저가 브랜드를 추가로 론칭했다. 협업 활성화 지원사업으로 블로그와 잡지에도 홍보할 기회가 주어졌고 이를 바탕으로 대형 쇼핑몰에도 입점하게 되었다. 신규 브랜드의 매출액은 폭증했고, 6개월 만에 4년간 판매를 해온 기존 브랜드보다 더 많은 수익을 거뒀다. 판로가 막힌 성수동 기획생산업체나 제작공장 사장들로부터 자기 제품도 팔아달라는 제안을 받기도 했다. 개발이나 생산에 추가 투자를 하지 않고도 상품 구색을 제대로 갖추게 된 것이다. 당연히 판매 효율성은 높아졌고, 매출액은 수직 상승했다.

송파구의 지류 교구 제작 및 교육을 하는 업체는 우연한 기회에 협업사업에 참여하게 되었다. 기존에는 보유 제작설비가 부족해 자체적으로는 샘플 제작 및 제품 개발을 원활히 할 수 없었다. 하지만 지원받은 커팅플로터로 다양한 샘플을 만들게 되었다. 자동차 모형 등 다양한 샘플을 만들어 전시하고 홍보하자 이곳저곳에서 제작 의뢰가 들어왔고, 메이커로서의 입지를 다졌다. 서울시가 세운 세운상가의 메이커스 큐브에 입주하고, 성동구로부터는 4차산업혁명 체험센터 운영권자로 선정되었다. 협업 전에 2명이었던 직원은 6명으로 늘어났다. 매출액은 연간 50%씩 성장하고 있다.

을지로4가 방산시장에서 수지류를 재단하는 유현상사는 방산시장 내 인쇄업체를 대상으로 거래하고 있었다. 평소 인터넷 홍보가 효과적이라는 이야기는 들었지만 컴퓨터를 다룰 줄 몰랐기에 블로그나 페이스북을 활용한 홍보는 딴 세상 이야기였다. 그런 와중에 협업사업에 참여하게 되었고 재단설비와 블로그 홍보 마케팅을 지원받았다. 결과는 놀라웠다. 플라스틱이나 비닐을 잘라서 부품으로 사용하는 제조업체가 의외로 많았다. 전문 재단업체가 없어서 곤란을 겪던 지방업체들에게 연락이 왔다. 경기도와 충청도를 넘어 부산과 제주에서도 일감이 왔고, 매일 철야 작업을 해야 하는 행복한 고민을 안겨주었다.

자영업자가 만든 티핑포인트의 특징

×

생계형 자영업자가 협업사업으로 티핑포인트를 만들어낼 수 있을까?

반신반의했지만 몇 년간의 실무경험을 통해 가능하다는 결론을 내렸다. 그렇다면 자영업자가 협업사업으로 티핑포인트를 만들어낼 수 있는 데는 어떤 원인과 특징이 있을까?

첫째, 수년 또는 수십 년간 사업을 해온 소상공인 대표자들은 사업적인 감각이 있으나 기업가 정신 중 위험감수 성향이 다소 낮은 경향이 있었다. 새로운 투자나 제품을 개발하는 것에 관심은 많지만 현재 하는 사업마저 위험에 빠질 것이 두려워 의식적으로 피하고 있는 것이다. 그러다 보니 실행으로 옮기는 사장들은 드물었고 다음 단계로 도약하기에는 항상 한계가 있었다. 이런 상황을 극복하는 데 협업 지원사업은 매우 적합한 제도였다. 10% 정도의 자부담이라 투자위험은 부담할 만한 수준이었고, 전문가와 상의하면서 일을 진행할 수 있어서 정신적인 부담감도 덜했다. 사장님들은 오랫동안 생각하던 아이템을 실행해보면서 의욕에 넘쳤고 생기가 돌았다. 적중하는 사업계획이 있었고, 매출액이 늘어날 때는 짜릿함을 느꼈다. 새로운 단계로 진입하게 된 것이다.

둘째, 실체가 있는 하드웨어를 구입하는 것에는 대가를 지불하는 것이 당연하다고 생각하지만 소프트웨어를 구입하거나 홍보비를 지출하는 것을 아까워하고 투자하지 않는 경향이 있다. 성장할 수 있는 여건은 조성되어 있는데, 새로운 방식의 홍보나 판매시스템의 도입, 크라우드펀딩 도전 등을 주저하는 경우가 많았다. 이러한 부분을 협업사업 진행 과정에서 연계지원이나 다른 협업기업 멘토링 등을 통해 진입장벽을 낮춰주었고 제대로 성과를 내는 기업들이 생겨났다.

셋째, 사업을 시작한 이후에는 경영개선 교육도 받아보지 않고, 이미 일반화되어 있는 SNS 홍보 마케팅도 전혀 활용하지 못하고 있는 기업들도 무척 많았다. 협업사업 과정에서 SNS 홍보를 지원해주면서 자연스럽게 그 효과를 체득하도록 했다. 제품의 성격과 SNS 홍보가 딱 맞아떨어지면서 전국에서 주문이 오는 놀라운 효과가 있었다. 폐업을 고민했던 한 사장님은 코로나19 상황에도 불구하고 2020년 11월에 사업장을 확장하는 기쁨을 맛보기도 했다.

경험으로 깨달은 협업사업 성공조건

✖

서울시 성수동의 디자이너 출신 구두제조업체 대표는 협업 공동 브랜드를 만들어 2만~4만 원대의 중저가 여성용 구두를 판매하고 있다. 협업사업을 시작한 지 6개월 조금 지난 시점에 평일 20켤레, 주말에는 30켤레씩 팔리고 있다. 이 공동 브랜드의 성공비결은 사업수행에 따른 정확한 업무분장에 있었다. 제품기획과 디자인은 추진주체가, 판매는 판매 경험이 풍부한 참가업체가 맡았다. 각각의 장점에 집중했고, 눈앞의 작은 이익으로 다투지 않으면서 서로 조금씩의 양보로 먼 미래를 볼 줄 아는 인성도 중요했다.

종로 귀금속단지 협업체는 추진주체의 적극적이고 헌신적인 면이 협업화 성공의 토대가 되었다. 사실 쾌속조형기는 추진주체보다 참여업체들에게 더 필요한 시설이었다. 참여업체 중에는 한 달에 200만 원가량 들던 원본 작업비가 협업화 이후 25만 원 정도로 감소된 업체가 있을 정도로 큰 도움이 되었지만, 추진주체 업체는 주얼리 디자인 분야가 주력이라 샘플을 직접 만드는 일은 오히려 적었다. 봉사하는 마음으로 시작한 협업활동은 협업체의 동반 성장을 불러왔다.

협업리더의 역할이 매우 중요하지만 이에 못지않게 협업엑셀러레이터의 역할 또한 중요하다. 자영업체 사장님들은 혼자 또는 최소한의 인원으로 사업을 영위해나간다. 매일 바쁠 수밖에 없다. 협업을 하고 싶고, 혁신을 하고 싶고, 교육에 참여하고 싶지만 적절한 자극이 없으면 이를 스스로 실행해나가기란 쉽지 않다. 협업 담당자가 점검을 하러 간다고 해야 협업활동을 하는 경우도 많다. 교육 참여에 대해서도 여러 가지 방법으로 오도록 해야 한다. 자기 사업의 발전을 위한 일이지만 손을 잡아주어야 따라오는 게 자영업자다. 따라서 협업엑셀러레이터가 소명의식을 가지고 일을 하는 것이 매우 중요하다.

자영업 협업화 지원사업을 담당하면서 느낀 협업의 성공조건은 다음과 같이 요약된다.

첫째, 참여업체에게 단기적 이익과 중장기적 이익이 적절하게 존재하도록 설계해야 한다. 단기적 이익만 있으면 지원금을 소진한 후 협업관계는 빠르게 소멸되며, 중장기적 이익만 존재하면 협업체를 모으기도 어려울뿐더러 시작해도 힘들어서 중도에 포기한다.

둘째, 초기의 협업아이템은 단순하고 명료해야 한다. 공동으로 사업해서 공동 분배한다는 거창한 형태의 협업사업은 자영업자 협업사업으로는 현실성이 부족하다. 협업설비를 공동으로 활용해서 원가를 절감하고, 공동 브랜드로 만들어 인지도를 높이고, 공동 블로그마케팅으로 홍보 효율성을 극대화하는 사업계획이 더 적절해 보인다.

셋째, 협업활동에 대한 합리적인 비용분담 규칙을 정해야 한다. 원칙적으로 투명하고 공정한 성과배분 시스템이 작동되어야 하겠지만, 공동 생산 및 영업을 통해 공동 분배가 일어나는 사업은 협업에 따른 경비를 합리적으로 부담시키고, 이익은 각 협업기업에서 발생하도록 하는 방법이 대안이 될 수 있다.

넷째, 협업 추진주체인 협업리더가 협업사업을 수행할 시간과 능력을 가지고 있어야 한다. 아무리 좋은 사업계획을 가지고 있더라도 협업리더가 사업장을 비울 시간적 여유가 없다면 제대로 된 협업활동을 할 수 없다. 또한 협업리더를 믿고 신뢰해주는 기업으로 팀이 구성된다면 더없이 좋은 조건이다. 참여기업들이 호응해주지 않으면 훌륭한 협업리더라도 지칠 수밖에 없고 소극적으로 변하게 된다.

다섯째, 동종업종의 성공사례 교육이나 견학을 통해 비전을 제시해서 참여업체들이 적극성을 가지도록 하는 것이 중요하다. 협업사업을 하다 보면 사업신청이나 신규 프로젝트에 대해 몇 번을 설명해도 미온적이다가 동종업계 업체가 잘 활용하고 있는 사례를 보면 안심하고 적극적으로 참여하는 경우도 많았다.

여섯째, 협업사업에 상인회나 협회와 같은 단체의 회원사를 중심으로 구성하는 경우 협업사업이 매우 활발하게 진행될 가능성이 높다. 상인회나 단체는 적극적인 운영진이 있고, 사무행정 능력이 있으며, 공동 사무실 등 회의나 공동 사용 기반이 있는 경우가 많다. 노원도봉제과협회가 중심이 된 디어블랑제 제과제빵 협업사업, 아현시장 상인회 운영진이 중심이 된 냉동·냉장창고 협업사업, 한국패션봉제협회를 중심으로 한 봉제설비 협업사업은 많은 자영업자가 참여해 성공적인 협업의 가능성을 보여준 사업이었다.

일곱째, 협업체를 구성하고 협업을 실행해나가는 데는 지자체 및 정부의 적극적이고 실질적인 지원이 필요하다. 아이도 태어나서 보육기간이 필요하듯이 협업체가 훈련되고 자립할 때까지 자양분을 제공하고, 2차 협업을 유도하면서 자생력을 갖추도록 지원할 필요가 있다.

협업리더

협업기업의 집합체인 협업체 리더기업의 대표자로서 협업사업을 실질적으로 이끌어나가는 지도자를 말한다. 협업사업의 성공은 협업리더의 비전과 리더십, 희생정신에 의존하는 부분이 매우 크다.

협업엑셀러레이터

창업 분야에서 엑셀러레이터는 기관을 의미하는 단어로 쓰이고 있으나 협업 분야에서는 아직 독립적인 전문기관이 없다. 현재는 주로 협업을 지원하는 정부 유관기관의 직원이 엑셀러레이터 역할을 수행한다고 볼 수 있다. 소상공인 협업사업 지원계획 수립, 협업모델 개발, 유망 협업체 발굴, 지원업체 선정 및 선정된 협업체의 협업 활성화가 주요 업무다. 소상공인 협업사업의 기반조성 및 방향설정 등의 실무업무를 담당한다. 협업사업이 확산되기 위해서는 민간 협업엑셀러레이터를 육성하고, 이들이 엑셀러레이터 단체 및 기관을 설립하도록 지원해야 한다.

협업컨설턴트

일반적으로 협업 지원기관이 선정해 협업팀과 매칭시켜주거나 협업팀이 자체적으로 선정하는 컨설턴트를 말한다. 협업아이템 선정, 참여업체 간 역할 조정, 협업사업계획서 작성, 협동조합 설립 지도 등에 대한 실무지식과 기업지도 경험이 있다. 무상 협업사업을 지원하는 서울시 자영업지원센터나 중기청 산하 소상공인시장진흥공단은 별도 절차를 거쳐 선발한다.

자영업자 640만 시대,
사업을 성공시키려면 협업은 선택이 아닌 필수다.

협업엑셀러레이터와
협업리더

협업이 성공하기 위해서는 참여자 모두의 적극성이 중요하지만, 무엇보다도 협업리더의 역할이 가장 중요하다. 앞에서 협업체를 이끌면서 프로젝트를 실행해나가는 협업리더의 역할 없이는 협업 자체가 진행되기 어렵다. 협업에 참여한 소상공인의 대표로서의 협업리더는 많은 시간을 내기 어렵고 프로젝트 진행에 대한 전문성을 가지기 어렵기 때문에 이를 지원해줄 협업엑셀러레이터가 필요하다.

협업엑셀러레이터란?

×

창업 분야에서 엑셀러레이터라는 용어는 기계공학의 가속장치(accele rator)에서 따온 것으로, 창업 초기 기업이 빨리 성장 궤도에 오를 수 있도록 자금과 멘토링 지원을 하는 프로그램을 말한다. 일반적으로 창업 아이디어나 아이템만 존재하는 단계의 신생 스타트업을 발굴해 업무공간 및 마케팅, 홍보 등 비핵심 업무를 지원하는 역할을 하는 단체를 이른다. 스타트업엑셀러레이터는 창업기업에 사무실, 컨설팅 서비스를 제공할 뿐 아니라 마케팅·전략 등 각 분야의 세계적 전문가들을 멘토로 연결해주기도 한다. 이는 벤처인큐베이터와 비슷한 개념이지만, 벤처인큐베이터가 엑셀러레이터보다 앞서 창업 직후의 초창기 스타트업기업을 지원하는 기관이나 기업이라는 점에서 차이가 있다.

협업엑셀러레이터는 정부나 지자체 유관기관의 직원으로 협업에 대한 전문성과 적극성을 가진 직원 중에서 육성하는 것이 바람직해 보인다. 소상공인 협업 분야에서는 아직 기관이 제대로 된 역할을 하지 못하고 있다는 점을 감안하면 담당자 개인의 역할이 매우 중요해, 이를 협업엑셀러레이터로 정의했다.

협업엑셀러레이터와 소통하기

✕

협업사업 지원업무를 담당한다면 스스로를 협업엑셀러레이터라고 생각하고 역할을 수행해야 한다. 대부분 정부기관이나 지자체 유관기관에서 사업을 담당하는데 담당 인원이 적다 보니 사실상 담당자가 어떻게 생각하고 행동하느냐에 따라 사업의 성패가 달라진다. 단순히 매뉴얼에 따라 사업을 홍보하고, 절차에 따라 기업을 선정하고, 협업자금을 지원하는 소극적인 업무로는 자영업 협업사업의 활성화는 불가능하다.

오랫동안 한 가지 사업을 영위한 자영업자는 본인 사업에서는 베테랑일지 모르지만, 협업에서는 유치원생에 가깝다. 다시 말해 그들에게 협업사업은 창업이나 다름없을 정도로 생소하다. 그러므로 담당자는 협업이란 무엇이고, 왜 필요한지에 대해 자영업자들이 공감할 수 있도록 해야 한다. 또 관심이 있는 자영업자를 대상으로 사업에 참여하도록 지속적으로 유도해나가야 한다. 반신반의하는 사장님들에게 성공사례를 보여주고 당신도 할 수 있다는 자신감을 불어넣어주어야 한다.

사업계획을 같이 짜주고, 서류작성도 지도해야 한다. 사업을 진행하면서 부딪치는 문제는 같이 고민하고 해결해나가야 한다. 이러한 지원 없이는 자영업 협업사업이 제대로 안착되기는 어렵다. 이러한 역할을 수행하는 사람이 바로 협업엑셀러레이터다.

요즘 협업사업과 관련해서 정부지원기관에서 협동조합 코디네이터라는 용어를 쓰고 있으나 서울시 자영업 협업사업은 상시적으로 더 밀착된 지원을 하고, 더 적극적인 활동을 통해 같이 문제를 해결해나간다는 점에서 코디네이터보다는 엑셀러레이터라는 용어가 더 적절하다고 생각된다.

협업엑셀러레이터, 협업리더를 발굴하다

×

소상공인은 협업에 대한 경험이 없기 때문에 협업엑셀러레이터의 역할이 매우 중요하다. 협업엑셀러레이터는 우선 협업을 추진하고자 하는 협업리더를 발굴해야 한다. 실무상으로는 다음과 같은 방법을 많이 활용한다.

첫째, 기존 협업체와의 네트워크를 통해 추천을 받는다. 이미 협업을 진행한 경험이 있으므로 사업취지에 맞는 협업리더를 선별해서 추천해줄 가능성이 높다. 기존 협업기업들의 추천업체는 대부분 신뢰도가 높거나 적극적이다.

둘째, 온라인 홍보를 통해 모집한다. 사업공고나 사업설명회를 기업마당, 재단 및 센터 홈페이지에 게재한다. 블로그 및 페이스북 등에서 홍보 전문가를 활용하는 방법도 매우 효과적이다. 평소 협업기업 홍보 및 성공사례를 통해서도 많이 유입된다.

셋째, 협업 성공사례집을 활용해 모집한다. 협업 성공사례와 협업지원제도를 묶어서 발간하는 길라잡이는 업종별 사례와 제도가 잘 정리되어 있어 홍보물로 활용하기에 제격이다.

넷째, 지점을 통한 추천방법이다. 지점의 자금지원 상담 과정과 사후관리 과정에서 협업의지가 있는 업체를 발견할 수 있다. 이러한 업체의 추천도 우량 협업체를 발굴할 수 있는 좋은 방법이다.

다섯째, 전문가를 통한 홍보다. 서울신용보증재단의 경우 100여 명의 전문컨설턴트풀을 보유하고 있다. 업체들을 많이 방문하고, 비교적 업체내용을 상세하고 알고 있어서 선정조건에 근접한 업체들을 추천할 수 있는 여건이 갖추어져 있다.

반드시 필요한 협업사업 기본계획 지도

×

일반적인 정부지원 사업은 사업공고를 하고 신청기간 내에 사업계획서를 접수를 받아서 심사 후 선정한다. 그러나 협업화 지원사업은 사업지원 의향이 있는 사업자를 직접 방문해서 상담을 하고 협업사업 기본계획까지 지도하는 경우가 많다. 이렇게 하면 소상공인 지원기관을 이용해보지 않았거나 신청서류 작성에 막연한 부담감 때문에 포기하는 우량 협업기업을 더 많이 만날 수 있다. 협업사업 진행의 핵심은 협업리더에 있으므로, 이들에게 사업에 대해 충분히 이해시키고 사업계획을 수립하도록 도와주는 데 다음과 같은 내용을 지도한다.

첫째, 협업 지원사업에 대한 기본적인 내용을 쉽고 충분하게 설명한다. 둘째, 기본적인 협업사업 계획과 참가업체 현황을 확인한다. 셋째, 협업사업 계획에 대해 부족한 점을 보완해서 제시해주고, 방향이 맞지 않을 경우 조정하거나 다른 협업모델을 제시한다. 넷째, 현재 사업장 여건이 협업사업을 수행하기에 적절한지 검토해준다. 적절하지 않을 경우 별도의 협업 사업장 마련 등에 대해서도 지도한다. 다섯째, 사업신청요건인 협업사업설명회에 다른 참가업체들과 참석해서 정보를 공유한다.

협업리더를 위한 협업사업 설명회

×

사업설명회는 올바른 협업정신을 가진 협업리더를 만날 수 있는 가장 좋은 기회다. 또한 협업에 대한 잘못된 정보나 관념을 바로 잡을 수 있는 기회이기도 한다. 사업설명회에서 잘하고 있는 협업 우수사례를 충분히 적시함으로서 단순히 설비만 지원받고자 하는 사람들의 생각을 올바른 방향으로 돌려놓을 수 있다. 이미 동종업종의 다른 소상공인들이 진행하고 있는 협업사례를 제시해주면 훨씬 마음 편안하게 협업사업으로 진입하는 경우를 보게 된다. 사업설명회는 협업사업을 신청하고자 하는 소상공인에게도 가장 중요한 행사다.

대부분의 지방자치단체 소상공인 종합지원사업은 매년 사업계획을 새로 만든다. 같은 지원사업이며 골격은 비슷하지만, 세부 내용은 얼마든지 바뀔 수 있어서 꼭 당해 연도 사업공고문과 사업설명회를 기준으로 준비해야 한다.

PART 2

당신에게 맞는
협업비즈니스

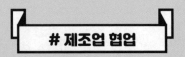

제조업 협업

공예공방(금속·목공)

협업으로 유리공예품
제작설비 구축

오래된 앨범에서 우연히 보게 된 사진 한 장, 추억이 가득한 어릴 적 친구의 선물, 옛사람들이 한 땀 한 땀 정성스레 만든 공예품 한 점. 마음을 따뜻하고 아련하게 하는 것들이다. 우리는 디지털 시대에 살고 있지만 마음 깊숙한 곳에서는 여전히 아날로그적인 감성이 남아 있다. 한적한 북촌의 원서고개 바로 아래에 보라색으로 채색된 자그마한 유리공방이 있다. 수많은 유리공예품이 저마다 매력을 뽐내며 자리하고, 다양한 디자인과 여러 가지 색상이 어울려 동화적인 느낌을 주는 이 유리공예품들은 유리공예가인 박 대표가 손수 제작한 작품들이다.

외부 가마공장을 이용해야 하는 어려움

×

유리공예품 제작에는 유리를 녹이고 형태를 잡아주는 가마와 버너 등의 설비가 필요하다. 화기를 이용하는 설비여서 설치하기가 쉽지 않다. 제작하는 공예품의 크기와 수에 따라 용량이나 가마의 크기도 달라야 하는데 이를 좁은 작업공간에 모두 갖춘다는 것은 비용도 환경도 허락하지 않는다. 그래서 큰 작품이나 다량으로 공예품을 제작해야 하는 경우 그동안 지방에 소재하는 가마공장을 이용해왔다.

그런데 외부 소재의 가마공장을 이용하는 데 들어가는 시간이나 비용이 만만치 않아 운영에 상당한 어려움이 있었다. 공예품 제작 이외에도 전통 유리공예의 명맥을 유지하며 유리공예를 일반 대중에게 널리 알리기 위해 관련 교육사업도 진행하고 있는 박 대표의 입장에서는 공예설비가 큰 고민거리였다.

설비 협업으로 사업에 날개를 달다

×

박 대표는 유리공예가들의 모임 활동을 통해 다진 친분을 바탕으로 같은 어려움을 겪고 있는 공예가들과 함께 이러한 애로를 해소하기 위한 방법을 협의하기도 했다. 하지만 마땅한 방안을 마련하지 못하던 중 크라우드펀딩과 관련해 지원받은 인연이 있던 서울신용보증재단 관계자로부터 협업 지원사업에 관한 정보를 듣게 되었다. 재단과 서울시 자영업지원센터 홈페이지를 통해 자세한 내용을 파악한 후 사업시행공고를 보자마자 2명의 유리공예업체 대표와 함께 사업신청을 위한 준비에 들어갔다.

지원사업 참여를 위해 재단 자영업지원센터에 희망하는 사업의 내용을 상담한 결과 그 필요성이 인정되어 사업계획 수립과 사업계획서 작성을 위한 컨설팅을 지원받았다. 그 덕분에 수월하게 사업을 신청했고, 원하던 가마와 버너를 지원받아 사업장에 설치하게 되었다. 이에 더해 서울신용보증재단의 협업기업에 대한 활성화 지원사업으로 SNS 홍보 지원까지 받을 수 있었다.

설비를 설치한 후 사업은 원활히 이루어졌다. 좋은 디자인의 작품들과 신속한 제작을 무기로 활발한 홍보와 영업을 진행했다. 그 결과 인천공항, 제주공항 면세점 및 유명 온라인 면세점에 제품을 입점하게 되었고, 더욱 의욕적으로 교육사업을 확대할 수 있게 되었다.

박 대표는 이제 전통 유리공예의 명맥을 이어가는 것은 물론 세계에서 인정받는 유리공예가, 유리공예업체로 발돋움하고자 원대한 꿈을 키우고 있다.

금속공예공방,
협업으로 효율을 높이다

금속공예는 금속으로 생활소품이나 액세서리 등을 만드는 산업이다.
최근에는 보석과 금속을 결합해 주얼리 제품을 제작하는 업체도 늘
어나고 있다. 산업의 특성상 대량 생산·소비는 기대하기 어려워 주로
소규모업체들, 특히 젊은 공예인들에 의해 운영되는 공방이 금속공
예품의 주요 공급처라고 할 수 있다.

다루는 소재가 금속인 만큼 녹이고 자르고 구부려서 형태를 만들고,
조각들을 땜질해 붙이기도 한다. 또 부식을 막는 조치나 다양한 색
감을 내는 작업도 필요하고, 금속 면에 이니셜이나 문양을 새기는 각
인 작업도 필요해 관련 설비가 다양하다.

더욱이 공예산업은 아이디어나 디자인이 판매에 크게 영향을 주기
때문에 끊임없이 새로운 제품을 개발하고 시제품을 만들어봐야 한
다. 새로운 디자인의 제품을 시험 제작하려면 먼저 모형을 만들어야

하는데 이때 필요한 설비가 3D프린터다. 이 설비를 이용하면 샘플을 만들어보고 보완할 부분이 있으면 바로바로 디자인을 변경해 다시 만드는 작업을 할 수 있다. 그런데 설비가 없다면 이 작업을 전부 외부에 의뢰해서 해야 하므로 그때마다 많은 시간과 비용이 소요된다.

협업이 꼭 필요한 금속공예공방

×

금속공예공방은 특성상 동일한 제품을 대량제작하는 것이 아니고 아이디어 제품이나 주문 받은 특정 디자인의 제품을 소량으로 제작한다. 각 제작공정에 사용되는 설비를 모두 갖추기에는 자금도 부족하고 장소도 협소한 곳이 많다. 이런 이유로 공방들은 원본 제작이나 각인 등 고가 설비로 작업해야 하는 공정은 외부에 의뢰해서 작업하는 경우가 많다. 이러한 사업 환경은 협업사업과 잘 맞아떨어진다.

인근에 소재한 공방들이 협업을 통해 공정에 필요한 설비를 갖춘 작업장을 공동으로 마련하거나 일정 장소에 제품 샘플 제작을 위한 3D프린터를 구비해놓고 공동 사용한다면 어떨까? 투자비 절감은 물론이고, 협업 참여업체가 설비를 편리하게 사용할 수 있을 것이다. 제품 제작에 드는 비용과 시간이 절감되는 효과를 누릴 것 또한 분명하다. 그리고 공정별 전문화된 기능을 보유한 업체가 서로 협력하게 되면 투자비용이 절감될 것이고, 각 공방들이 보유한 설비의 활용도도 높아질 수 있을 것이다.

정부와 지자체의 협업사업을 활용하자

✕

공예공방은 문화산업에 속하기 때문에 정부 및 지자체에서 적극적으로 보호하고 육성하는 업종이다. 금속공예업종에 많이 사용되는 3D 프린터 및 각인기는 크기가 작아 좁은 공방에도 설치가 용이하다. 1개 기업이 계속해서 사용하는 장비도 아니기 때문에 같이 쓰기에도 적합하다. 이런 경우에는 자영업 협업화 지원사업 중에 공동 이용시설 구축사업을 신청해서 지원받으면 된다. 협동조합을 만들어 규모 있는 협업을 하고자 하는 경우에는 소상공인시장진흥공단에서 지원하는 협동조합 활성화 사업을 이용하면 된다.

협업 지원사업에 대한 정보수집은 간단하다. 인터넷 포털사이트 검색창에 '협업화 지원사업'이라고 검색하면 지원사업 내용과 시행기관에 대한 정보를 파악할 수 있다. 자세한 사업내용과 지원요건을 확인해보도록 하자.

주얼리업체와 공예업체,
협업설비가 주는 행복

서울에는 귀금속이나 장신구 및 공예품을 제작하는 산업이 매우 발달했다. 종로3가 지역은 국내외적으로 널리 알려진 주얼리 전문상가로 국내 주얼리 제조업체의 40% 이상과 도매업체의 60% 이상이 입주해 있고, 전체 소비자의 1/4 정도가 이곳에서 주얼리 제품을 구매한다고 알려져 있다. 서울시는 수준급 공예작가들의 사업화를 지원하고 공예산업을 발전시키기 위해 서울여성공예센터도 운영하고 있다.

주얼리와 공예품의 패션화 및 개인화

×

이전에는 주얼리 하면 결혼 예물, 고가의 귀금속이나 보석 등을 주로 연상했지만 요즈음 대세는 패션주얼리다. 저마다 개성이 있는 제품뿐만 아니라 제품에 의미를 부여하고 싶은 소비자의 욕구가 시장에 반영되어 무수한 디자인의 제품이 등장하고 있다. 그러다 보니 주얼리업체는 다양한 제품을 개발해야 하고 그 과정에서 빈번한 원본이나 샘플 제작, 수정 작업이 일어난다. 이때 3D프린터가 이용되며 제품의 완성을 위해서는 각인기도 필요하다.

공예 분야도 마찬가지다. 공예작가들도 예술성 있는 작품만 만들어서는 사업을 유지할 수 없다. 개인용 소품이나 장신구류의 수요가 늘고 있다. 이때 필요한 장비가 3D프린터, 각인기 및 마킹기다. 다양한 소재를 작품에 사용할 수 있게 해주기 때문에 개인들의 맞춤형 요구를 수용할 수도 있다. 수작업만으로는 소재도 제한되고 작업시간이 오래 걸려서 고객의 욕구를 수용하기 어렵다. 외부에 맡겨서 작업을 할 수도 있지만, 비용과 제작 및 관리에 드는 시간도 크고, 초기작업 단계에서 디자인이 유출되는 위험도 감수해야 한다.

주얼리업체와 금속공예업체가 함께하다

×

종로구 인사동에서 금속공예 제품을 만드는 업체 누로의 조 대표는 서울여성공예 창업대전에서 대상을 받으면서 사업을 시작했다. 처음에는 노원구에 있는 서울여성공예센터에 입주해 공예작가 생활을 하는 데는 많은 도움이 되었지만, 사업 성공은 또 다른 문제였다. 수공구를 이용해서 금속으로 공예품이나 장신구를 만드는 것은 시간이 오래 걸리는 작업이다. 정성을 들인 만큼의 작업시간을 기준으로 가격을 책정할 수도 없고, 그렇다고 공장에서 생산하는 제품 수준으로 가격을 맞출 수도 없었다.

자동화 시설을 구매할까도 생각해봤지만, 3D프린터의 경우 용도에 맞는 기계는 대당 1천만 원 수준이고, 레이저마킹기도 2천만~3천만 원을 주어야 구입할 수 있었다. 가격도 가격이지만 비싼 기계를 도입해 혼자 사용하는 것이 효율적인지도 의문이었다. 그러던 중 서울여성공예센터에서 서울신용보증재단과 공동 개최한 자영업 협업사업 사업설명회에서 참석해서 답을 얻었다.

센터에 같이 입주해 있던 패션주얼리업체, 목공소품업체와 참여해서 레이저마킹기를 지원받았다. 다양한 제품을 생산할 수 있게 되었고, 개인별 맞춤형 주문도 거뜬히 소화할 수 있었다. 아직 갈 길이 멀지만 다양한 제품을 기획하고 생산하면서 사업에 대한 자신감이 생겼다. 다른 협업업체와 서로 교류하면서 매력 있는 콜라보 제품도 생산할 수 있었고 새로운 비전도 세울 수 있었다.

목공방의 현대적 장비 구축과
판매 활성화를 위한 협업

목공예는 나무를 이용해 각종 구조물이나 생활도구 혹은 예술품을 만드는 기술이다. 최근 원목으로 만든 가구가 큰 인기를 얻고 있는데, 질감이나 색감은 물론이고 환경 측면에서도 충분히 선호할 만한 제품들이다. 원목가구는 일반 가구처럼 공장에서 일정한 형태의 부품이나 자재를 생산해서 이를 조립하는 것이 아니다. 원목 자체를 공예가들이 디자인하고 다듬어서 만들기 때문에 작업이 섬세하고 손이 많이 가며 작업공정에 다양한 장비가 필요하다. 요즘에는 장비가 자동화되고 컴퓨터를 활용한 작업도 가능해 작업 효율과 정확도, 품질이 과거와는 비교할 수 없이 향상되었지만, 장비들의 가격이 비싸 목공방들이 구매하기는 쉽지 않다.

또한 대부분의 목공방이나 원목가구 제작업체들은 규모가 영세하다. 번듯한 매장을 내거나 대대적인 광고나 홍보를 통해 고객을 유치할 형편이 못된다. 그래서 알음알음 고객을 소개받거나 자체적으로 운영하는 홈페이지, 쇼핑몰을 통해 드문드문 판매를 하고 있지만, 이를 적극적으로 관리할 수 있는 상황도 아니라서 매출이나 수익 개선에 크게 도움이 되지 않았다.

정부나 지자체의 지원을 알아보자

×

만약 여러 목공방이나 원목가구 제작업체가 모여 다음과 같이 협력을 한다면 어떨까? 우선 공동 작업장을 마련하고 거기에 공동 부담으로 현대화된 장비를 구축해 각 업체가 필요할 때 이용할 수 있다. 또한 공동 브랜드를 만들고 쇼핑몰을 구축해서 공동으로 홍보도 하고 제품도 판매할 수 있을 것이다.

공동 작업장을 마련하면 작업속도는 빨라지고, 제작에 소요되는 비용을 절감할 수 있다. 외부에 작업을 의뢰하지 않아도 되기 때문에 시간과 비용을 절약할 수 있다. 게다가 작업 환경도 개선되어 보다 쾌적한 환경에서 일을 할 수 있게 되므로 전반적인 사업 운영 성과와 삶의 질이 향상되는 효과를 기대할 수 있다.

물론 제품판매는 아이디어스(IDUS)나 카카오 메이커스를 이용해 판매하는 것이 효과적이겠지만, 공동 브랜드 사이트는 작가들의 필모그래피를 담을 수 있는 장점이 있어서 오픈마켓 판매에도 긍정적인 영향을 줄 것이다.

그러나 이에 소요되는 자금을 모두 참여하는 업체들이 부담한다면, 작은 공방을 운영하는 입장에서는 부담이 될 수밖에 없다. 이럴 때 협업화 지원사업을 활용하면 문제를 쉽게 해결할 수 있다. 물론 서로 배려하고 협력하면서 사업을 진행할 수 있는 좋은 파트너를 구해야 한다는 문제를 먼저 해결해야 한다. 당연히 쉽지만은 않겠지만 좋은 파트너를 찾을 수 있어야 새로운 기회가 찾아오게 된다.

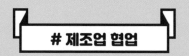

제조업 협업

패션(의류·구두·가죽)

영세 의류제작업체에 도움이 되는
패턴 CAD장비를 마련하다

의류제작 시 옷본을 뜨는 작업을 패턴작업이라고 한다. 이는 전문 기술을 필요로 하는 분야로 패턴제작만 전문으로 하는 업체가 있고 오랜 경력을 통해 습득한 노하우로 직접 패턴을 그리는 업체도 있다. 그런데 이 작업을 손으로 하면 디자인 하나에 긴 시간이 소요된다. 더군다나 같은 디자인의 옷도 여러 사이즈로 제작해야 하기 때문에 사이즈별로 같은 작업을 반복해야 하기도 한다. 그래서 대부분 전문 패턴업체에 이 일을 맡기는데 당연히 비용이 수반되고 제작에 들어가는 시간도 길어진다.

협업으로 패턴 CAD프로그램과 장비를 구축

×

컴퓨터로 패턴을 제작할 수 있는 CAD프로그램이 있다. 이것을 이용하면 수작업에 비해 신속하고 정확하게 패턴작업을 할 수 있고, 연결된 장비를 통해 효율적인 원단 절단이 가능하다. 사이즈별로 옷본을 만드는 일도 간단하게 해결할 수 있다. 이렇듯 CAD프로그램과 관련 장비는 의류제작업체의 업무 효율성을 높여주는 아주 편리한 도구이지만 영세 의류임가공업체가 개별적으로 자금을 투자해 마련하기는 쉽지 않다. 가격이 수천만 원에 달하고 설비가 차지하는 공간이 만만치 않기 때문이다.

동대문 의류시장에서 의류임가공업을 영위하는 영세업체들이 뭉쳐 협업을 하기로 했다. 지역 내 협동조합 모임에서 얻은 정보로 서울시 자영업 협업화 지원사업에 참여해 설비를 지원받기로 하고, 십시일반 자금과 노력을 모았다. 사업계획 수립 등 어려운 일은 서울신용보증재단의 안내와 컨설팅 지원으로 해결하고, CAD프로그램과 마카플로터, 커팅플로터, 패턴입력기를 지원받았다. 업체들의 부담은 사업비의 10% 정도로 필요한 나머지 자금은 서울신용보증재단이 무상으로 지원해주었다.

높아진 업무 효율과 부가수익 창출 실현

×

협업설비 도입으로 패턴작업을 외부에서 할 필요가 없어졌다. 또 종이에 패턴을 그려 보관하지 않아도 되니 작업과 사업장 운영 효율이 크게 향상되었다. 외주작업에 들던 비용도 크게 절감되었다. 다양한 디자인의 옷을 소량 제작해 판매하는 요즘의 시장 상황에서, 발주자의 주문에 바로바로 대응해야 살아남는 의류임가공업체로서는 신속히 작업할 수 있게 된 것이 무엇보다 강력한 사업 무기가 되었다. 물론 사용해보지 않은 장비였기에 처음에는 활용이 쉽지 않았지만 공급업체로부터 장기간 교육을 제공받은 덕에 이제는 다른 업체로부터 작업을 의뢰받는 수준에 이르렀고 그에 따른 부가수입이 생기기도 했다.

협업에 참여한 업체 중 설비 이용에 불편을 느끼는 업체가 있지는 않았을까? 협업에 같이 참여하는 업체 대표들은 대체로 시장에서 20~30년 이상 동종업종에 종사하면서 가족과 같은 유대관계를 유지해온 구성원들이다. 서로의 작업장을 가까운 친척집 드나들듯 자주 왕래했고 수시로 만나 술잔을 함께 기울이던 사이여서 오히려 협업을 통해 관계가 더 돈독해졌다.

협업 이후 수주와 생산 단계에서 함께 협력하고 공동 작업을 하는 일도 많아졌다. 협업이 더 큰 성과를 내기 위해서는 이처럼 협업에 참가하는 업체 간의 신뢰와 협력 또한 매우 중요하다.

의류봉제업체의 협업,
후가공설비 도입

서울에는 의류봉제업체가 많은데, 대부분 작은 사업장을 내고 가족끼리 운영하거나 임시직을 고용해 의류를 제작한다. 후가공은 의류제작에 있어 마지막 단계 공정이다. 옷이 몸의 곡선에 잘 맞도록 주름을 잡아주거나 의류의 끝단을 맵시 있게 처리하기, 호주머니 주둥이 부분 가공, 단추달기 등 여러 공정이 있는데, 각각의 작업을 위해서는 관련 전문설비가 필요하다. 영세 의류업체는 대부분 이런 설비를 제대로 갖추지 못한 까닭에 봉제 작업이 끝나면 외부에 후가공을 의뢰하고 이것이 완료되면 다림질 등 마무리 작업을 한 후 납품하게 된다.

봉제업체 사장님들의 공통적인 고민

×

용산구 서계동에서 의류봉제업체를 운영하고 있는 이 사장은 의류제작 주문을 받아 봉제 작업을 한 다음 외부에 후가공 의뢰를 하고 나면 가끔은 할 일이 없어 무료한 시간을 보내곤 한다. 발주처에서는 납품 시기를 당겨주었으면 하지만 가공업체도 작업 일정이 있는지라 무턱대고 우리 물량을 먼저 처리해달라고 재촉할 수도 없다. 납품가를 박하게 책정해주는 발주처와 가공비를 비싸게 받으려는 후가공업체와의 줄다리기도 점점 힘에 부친다. 이대로 가다가는 사업전망도 그렇지만 몸도 마음도 지쳐버릴 것 같아 이 사장은 고민이 크다.

돌파구를 마련하기는 해야 하는데 지금 형편으로는 혼자 힘으로 장비를 마련하는 것은 언감생심이고, 과감히 업종을 변경해 다른 일을 하기도 두렵다. 30년 이상 해온 일이 무거운 짐이 되어 어깨를 누르는 상황이다. 이 사장이 회장으로 활동하고 있는 지역봉제협회의 다른 회원들도 형편이 비슷하다.

봉제협회 사무국의 김 팀장은 의류업체에 대한 지원사업 정보를 파악해 이를 회원사에 알려주는 일을 한다. 중소기업 지원정보 포털인 기업마당(bizinfo.go.kr)을 검색하다 협업사업 지원에 관한 정보를 알게 된 김 팀장은 협업정보를 이 사장과 공유했다. 현재 상황에 가장 적합한 사업이라고 생각한 이 사장은 즉시 사업 운영기관인 서울신용보증재단 지원사업 담당자에게 전화해 상담했다.

성실한 협업사업 결과 추가 지원을 받다

✕

상담 결과 사업의 필요성과 사업내용의 타당성이 인정되었고, 협업체 구성에 이은 재단의 컨설팅 지원으로 구체적인 사업계획을 수립한 후 평가 등 절차를 거쳐 희망하던 후가공설비를 지원받았다. 봉제협회 사무실의 여유 공간에 포켓웰팅기와 인터록미싱을 설치했고, 그간 외부에 의뢰했던 호주머니 가공과 의류 끝단 가공 작업을 자체 처리할 수 있게 되었다. 처음 협업에 참가한 3개 업체 외에 인근의 협회 회원사도 설비를 이용할 수 있도록 개방했고 전담인력 1명을 채용해 설비가동과 관리를 전담시켰다. 물론 인건비는 업체별로 협업설비 이용실적에 따라 공평하게 분담했고, 절감되는 가공비용 중 일부를 추가 설비도입 준비자금으로 적립하기로 했다.

협업사업을 시작한 지 1년, 아직 충분한 이익금이 적립되지는 않았지만 지역 봉제업체들의 활발한 참여와 협업사업 운영 및 관리의 성실성을 인정한 서울신용보증재단은 사업성과를 높이기 위해 2차로 후가공설비를 지원했다. 이외에도 재단은 협업기업의 사업 활성화를 위해 SNS 등 다양한 마케팅 교육과 홍보를 지원해 경영에 많은 도움을 주고 있다.

변화의 물결에 적응하는 협업,
염천교 수제화업체들

염천교 수제화 거리는 1920년대 일제강점기에 처음 형성되어 해방 후 미군들의 군화 수선, 판매 등을 거쳐 우리나라 최대의 수제화 거리로 성장했다. 한때 5천여 개에 이르는 점포가 밀집해 국내 구두시장을 선도하며 전성기를 누린 곳이다. 그러나 지금은 중국이나 동남아로부터 수입되는 저가제품, 대형 구두업체의 등장, 바로 구입해서 착용할 수 있는 기성화에 대한 선호 확대 등으로 급격하게 세가 기울면서 100개 남짓한 점포만이 남아 그 명맥을 유지하고 있는 형편이다.

어려움에 처한 염천교의 터줏대감들

×

어려운 환경 속에서도 수제화 거리를 지키고 있는 장인들의 자부심은 대단하다. 우리나라 수제화산업의 전통을 잇고, 다른 어떤 제품과 비교해도 손색이 없는 품질의 좋은 제품을 만들고 있다는 자부심이다. 소비자의 발에 꼭 맞고 편하며 건강에도 유익한 기능으로 차별화된 제품들을 염천교 수제화 거리에서 만나볼 수 있다.

하지만 이런 자부심만으로 버티기에는 현실이 녹록지 않다. 수제화 거리 장인들이 만드는 제품들을 소비자에게 알리고, 기성화가 가지지 못하는 기능이나 개성을 가진 좋은 제품들을 꾸준히 개발해 생산하고, 고객에 대한 사후관리도 체계적으로 해야 하는데, 장인들은 대부분 나이가 많고 그동안 구두제작에만 몰두하며 오랜 세월을 보내온 터라 시장 변화에 대한 적응이 쉽지 않기 때문이다.

염천교 수제화 거리를 살리기 위해서는 독자적인 브랜드를 만들고, SNS를 활용한 홍보와 마케팅으로 수제화 거리의 장인들과 제품을 널리 알려야 한다. 쇼핑몰을 만들어 변화된 소비자의 구매 행태에도 적응해가야 한다. 구두의 기능성이나 편리성을 높이기 위해 인체 역학을 적용할 수 있는 설비를 마련할 필요도 있다. 제품 디자인의 활발한 개발과 시제품 제작을 위한 3D프린터도 도입하면 좋고 가죽의 절단이나 할피기 등 가공시설도 있으면 사업에 큰 도움이 될 수 있다.

협업과 함께 살아나는 염천교 수제화 거리

×

염천교 수제화 거리를 살리기 위한 노력은 지자체와 대학을 중심으로 진행되고 있다. 도시재생 및 지역 소상공인의 자력갱생 지원과 서울이라는 대도시 문화의 하나로서 수제화 거리를 명물로 조성해 관광상품화하고자 하는 것이다. 서울시 자영업 협업화 지원사업도 이러한 지원사업 중 하나다. 이 사업은 협업 지원사업인 만큼 개별 업소에 지원하는 것이 아니라 3개 이상의 업체가 협력해 공동으로 활성화 사업을 하고자 할 때 필요한 자금을 지원한다.

서울신용보증재단은 염천교 지역 수제화업체 4개로 구성된 협업체에 대해 브랜드 개발과 홈페이지 구축 및 온라인 홍보를 지원했다. 평소 업체 대표님들이 필요성은 공감하나 잘 모르던 분야이고 필요자금 조달에도 어려움이 있어 망설이던 일에 과감히 나서자 서울신용보증재단이 힘이 되어준 것이다. 그 덕분에 점차 장인들의 제품이 알려져 지방이나 해외에서도 수제화 제작을 문의하는 일이 많아졌다. 염천교 지역 및 수제화산업의 활성화에 대한 일반이나 기관들의 관심도 커져 앞으로 다양한 관련 사업들이 진행될 것으로 예상된다. 또한 장인들의 협업 경험을 바탕으로 사회적협동조합까지 설립해서 운영 중이다. 앞으로 수제화 특화거리로 변화된 염천교 수제화 거리의 모습을 기대해본다.

영세한 가죽제품
제조업체가 모여 협업하다

가죽을 사용하는 산업은 매우 다양하다. 그중 소상공인이 주로 참여하고 있는 분야는 가방이나 지갑, 액세서리 제조와 가죽 소재의 가구제조 등이다. 가죽제품 제조를 위해서는 여러 과정을 거쳐야 한다. 가죽을 늘리고 염색하는 작업, 가죽의 두께를 필요에 따라 조절하는 (깎아내는) 할피 작업, 절단하고 꿰매는 작업 등이 기본이고, 제품을 완성하기 위해서는 디자인이나 문양을 가죽에 인쇄하거나 각인하는 작업도 거쳐야 한다. 공정마다 별도 설비가 필요한데 대부분의 업체는 그러한 설비를 충분히 갖추지 못했다. 그래서 일부 공정을 외부에 맡기기 때문에 작업의 연속성이 떨어지고 관련 비용도 만만치 않게 들어간다. 사업에서 가장 애로가 되는 부분이다.

소상공인들이 모여 공동 작업장을 마련하다

×

생산을 거의 OEM에 의존하고 있는 까닭에 발주자와 생산 소상공인은 늘 갑과 을의 관계에 있을 수밖에 없다. 자기 브랜드로 판매하는 것은 가죽제품을 제조하는 모든 소상공인의 희망사항일 것이다.

가방이나 지갑, 수첩 등을 제작할 때 제품에 따라 각각 다른 두께의 가죽을 사용한다. 그래서 가죽 원단을 필요한 두께로 가공하는 할피 작업을 해야 하는데 이때 필요한 설비인 할피기는 대부분 수입품이고 괜찮은 성능을 가진 제품은 가격이 5천만 원 가까이 된다. 중고품이라 해도 3천만 원 정도 하는 이 설비를 영세한 소상공인이 혼자 마련하기는 쉽지 않다. 또한 공장의 작업물량이 설비를 매일 안정적으로 가동할 정도는 아니어서 설치한다 해도 효율성이 떨어진다.

천호동 가죽공장 밀집지역에서 가죽제품 제조업종 소상공인들이 모여 공동 작업장을 마련하고 협업설비를 구입해서 공동 이용함으로서 생산성을 높인 협업사례가 있다. 공동 작업장을 마련할 인적·재정적 능력이 된다면 이런 방향의 협업은 매우 권장할 만하다. 가죽가방, 지갑 등을 제조하는 업종의 협업체들은 주로 할피기, 재봉기, 프레스, 고주파웰딩머신 등의 설비를 신청하는 경우가 많다.

협업으로 브랜드 파워 만들기

✕

우리가 소위 명품이라고 하는 유명 브랜드 제품들은 인건비가 싼 중국이나 동남아 등지에서도 많이 생산되고 있다. 제조원가가 아니라 브랜드 파워에 소비자들은 높은 금액을 기꺼이 지출한다. 부가가치가 엄청나게 생기는 것이다. 소상공인인 가죽제품 제조업체들도 당연히 이런 방향으로 나아가야 하겠지만 안타깝게도 경험이나 인적·금전적 능력에서 많이 부족한 실정이다.

그래서 소규모업체들의 공동 작업장도 생기고 때로는 몇 개의 업체가 힘을 모아 공동 브랜드를 개발하는 사례가 늘고 있다. 소상공인의 자립을 위해 다양한 지원을 하고 있는 정부나 지자체에서도 협업에 대한 관심과 지원을 확대하고 있고, 협업을 추진하는 업체와 협업을 희망하지만 형편이 안 되거나 방법을 모르는 업체들에게 물적·인적 지원을 해주고 있다.

지갑을 만드는 에스더블유의 고 대표는 벨트, 가방 등을 만드는 다른 대표들과 BiTi라는 협업 브랜드를 만들었다. 이 브랜드 덕분에 백화점 및 서울역 역사 내에서 제품을 판매할 수 있는 기회를 얻기도 했다.

중저가 브랜드 론칭을 위한
여성화 제작업체의 협업

여성화 시장에는 여러 브랜드가 있다. 우리가 흔히 알고 있는 세계적인 브랜드나 국내 유명 제화업체의 브랜드 제품 외에도, 성수동이나 염천교 수제화 거리의 중소 브랜드 제품 등 소비자가 선택할 수 있는 영역이 넓다. 그런데 대부분 제품들의 가격이 상당히 높다. 세계적인 명품 브랜드는 차치하고라도 국내 유명 브랜드나 그리 잘 알려지지 않은 중소 브랜드의 수제화도 선뜻 구매하기가 쉽지 않을 정도의 가격이다. 한두 켤레의 구두로 한 계절, 심하면 구두 밑창이 닳도록 신고 다니기로 작정하면 그나마 큰마음을 먹고 장만할 수 있겠지만 요즘의 소비자들은 구두를 상황에 맞게 착용하고 개성이 있되 품질이나 가격도 적정한 제품을 원한다. 이 수요를 겨냥해 새로이 나타난 것이 중저가 여성화 시장이다.

중저가 여성화 시장 진입을 위한 새로운 브랜드

×

성수동에서 여성용 수제화를 제작하는 윤 대표는 이미 자체 브랜드를 가지고 인터넷 쇼핑몰이나 팝업스토어 등을 통해 제품을 판매 중이다. 브랜드 인지도나 판매실적이 어느 정도 자리를 잡아가고는 있지만 원하는 목표를 이루기 위해서 조금씩 성장하고 있는 중저가 여성화 시장에 주목했다. 그러나 기존 브랜드를 이용하자니 차별화도 어렵고 그동안 애써 구축한 브랜드 이미지마저 훼손되지 않을까 하는 우려가 앞선다.

고민 끝에 새로운 브랜드를 만들어 시장을 공략하기로 했다. 준비과정은 녹록지 않았다. BI개발, 다양한 상품 구색 갖추기, 포장패키지 제작, 쇼핑몰 구축과 매장 확보, 브랜드 홍보 등 할 일이 태산이었다. 혼자 모든 일을 감당하기 어렵다고 판단한 윤 대표는 그동안 수제화 제작과 판매에서 협력해오던 대표들과 뜻을 모아 함께 협업하기로 했다.

협업으로 세계적인 브랜드를 꿈꾸다

×

수제화 판매만으로는 돌파구를 마련하기 어렵다고 생각한 윤 대표는 평소 협업에 관심 있는 대표들과 여성화, 가방, 시계 등을 하나의 브랜드로 만들어서 공동 판매하려는 생각을 가지고 있었다. 브랜드 개발과 홍보 및 디자인은 윤 대표, 제품 제작과 유통관리는 참가업체 사장들이 맡기로 했다. 문제는 브랜드와 제품 개발 및 홍보에 소요되는 비용이었다. 중소기업진흥공단이 운영하는 청년창업사관학교를 졸업하고 이를 통해 청년사업가에 대한 여러 가지 지원사업을 알고 있던 윤 대표는 서울신용보증재단이 운영하는 협업 지원사업에 참여하기로 했다. 새 브랜드 론칭을 위해 필요한 사업들을 정리해 사업계획서를 작성하고 사업 참여를 신청한 결과 지원대상 협업사업으로 선정되었다.

예쁜 로고와 이를 적용한 패키지 제작비, 공동 브랜드 제품 개발과 제작을 위한 창·철형 제작비, 쇼핑몰 구축 및 브랜드와 제품 홍보를 위한 리플릿 제작비, 온라인 홍보 등에 소요되는 자금의 85%가량을 지원받아 본격적으로 중저가 여성화 시장에 뛰어들었다. 재단의 SNS 홍보 지원도 받아 사업은 순조롭게 진행되었다. 사업을 추진한 지 2년여가 지난 지금 새 브랜드의 인지도나 제품 판매실적은 기대 이상이다. 1일 평균 20켤레 정도가 판매되고 있고 그 성장세도 안정적이다.

이제 윤 대표는 본격적인 성장의 발판이 마련되었다고 판단한다. 여기서 멈추지 않고 이를 기반으로 중국 등 해외시장 진출과 토탈여성패션 브랜드로 발돋움하고자 여러 가지 구상을 하고 있다. 협업으로 출발한 중저가 여성화 브랜드가 국내외 시장에서 널리 알려지고, 여성패션 분야에서 그 파워를 과시할 날이 머지않아 올 것이라는 희망으로 윤 대표는 차근차근 준비를 해가고 있다.

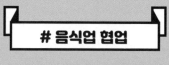

음식업 협업

음식점·카페

동네 빵집을 살리는 돌파구,
천연발효종 건강빵

우리에게 익숙한 대표적인 프랜차이즈 빵집 브랜드로 파리바게뜨,
뚜레쥬르가 있다. 유동인구가 많은 지역, 상권이 잘 형성된 지역에는
어김없이 두 브랜드의 빵집이 들어와 있다. 맛과 서비스가 좋고 인테
리어도 깔끔하다. 동네 빵집은 저렴한 가격으로 이들과 경쟁하려 하
지만 그것만으로는 고객을 지키기 어려웠다. 당연히 동네 빵집이 설
자리는 점점 좁아져 점포 운영은 날로 힘들어졌다. 지역의 몇몇 점포
들이 모여 공동 브랜드를 만들고 상황을 타개해보려고 노력했지만
홍보나 자금력이 부족하다 보니 성공사례를 찾아보기도 힘들었다.

천연발효종 건강빵으로 고객을 유혹하다

×

이스트로 만들던 빵이 주류를 이루던 베이커리업계에 건강을 중시하는 트렌드로 인해 천연발효종 빵을 선호하는 고객들이 생겨났다. 이런 트렌드는 동네 빵집을 다시 살리는 데 결정적인 요인이 될 수 있다. 1970~1980년대 동네 빵집은 빵 만드는 기술만 있어도 경쟁력이 있었고 지역에 자리 잡을 수 있었으나 곧 생산성도 높고 맛과 수준 높은 인테리어까지 겸비한 프랜차이즈 빵집에 밀릴 수밖에 없었다. 그러나 이런 베이커리 시장에 변화가 왔다. 파리바게뜨나 뚜레쥬르가 점령해 가면서 보기 힘들어진 동네 빵집이 요즘 새롭게 업그레이드되고 있는 것이다.

이스트로 만든 빵은 같은 공장에서 생산되어 전국으로 배송되어도 품질에 변화가 없지만 천연발효종 빵은 그렇지 않다. 시간에 따라 숙성 정도가 달라지기 때문에 원거리 배송 시 균질한 품질을 유지하는 데 어려움이 있다. 제빵사가 없어도 문제없던 빵집이 다시 실력 있는 제빵사가 필요한 시장으로 돌아오고 있다.

골목에 소규모 제빵시설을 갖춰 경쟁력을 높이다

×

천연발효종 빵을 만드는 빵집들도 규모를 키워야 하는 것은 생산성 때문이다. 혼자 혹은 둘이 빵을 만들기 위해서 모든 시설을 갖춘다면 투자 대비 수익성은 한계가 있다. 천연발효종 건강빵 선호 트렌드가 동네 빵집에 기회를 주었지만 현재의 규모와 설비로는 경쟁력을 갖추기 어렵다. 한 단계를 더 넘어야 진짜 기회가 찾아온다.

이것을 극복해보고자 브레스트과자점 강 사장은 서울시 자영업 협업사업에 참여했다. 목동의 4개 빵집이 모여 뒷골목에 저렴한 공간을 얻었고, 서울시로부터 90%의 무상지원자금을 받아서 페스츄리(페이스트리) 생지 자동화 생산설비를 도입했다.

약간의 임대료 부담이 생겼지만 4개 업체가 나눠 내서 크지 않은 금액이고, 별도의 원재료 보관장소가 생기다 보니 가게 공간을 더 효율적으로 사용할 수 있었다. 그동안은 마가린을 넣은 페스츄리를 구색용으로 사다가 팔았는데 맛이 떨어져서 인기가 없었다. 그러나 최상급 버터를 넣은 페스츄리 생지를 직접 만들어서 구우니 맛과 풍미가 뛰어났다. 먹은 후에 속도 편해서 빵을 좀 아는 사람들은 금방 알아챘다. 요즘은 페스츄리가 나오는 시간에 일부러 빵을 사러 오는 고객들이 생겼다니 절로 흐뭇해진다.

4명의 빵집 사장들은 일주일에 3번 정도 만나서 같이 페스츄리 생지를 만든다. 혼자 빵을 만드는 것은 고독한 작업인데 동년배 사장들과 같이 작업을 하니 유대관계도 깊어졌다. 자연스럽게 제빵기술도 교류하고 연구하다 보니 실력도 쑥쑥 늘어서 제과점 운영에도 많은 도움이 되고 있다.

작은 카페지만 직접
원두 로스팅을 합니다

개포동에서 아담한 카페를 운영하는 김 대표는 무척 바쁘다. 혼자 점포를 꾸려가다 보니 자리를 비우기 어렵고 식사나 다른 개인 용무를 보는 것이 부담스럽기만 하다. 많은 손님이 찾아주는 것은 아니지만 그래도 단골손님이 있고 점포 주변의 주민이나 직장인들도 심심찮게 방문하는 터라 한순간도 소홀히 할 수 없다. 고객에게 좋은 커피를 제공하기 위해 김 대표는 필요에 따라 소량씩 로스팅한 원두를 로스터리 카페나 전문 로스팅업체에서 구입해 사용하고 있다.

구매물량이 적은 탓에 가격이 높고, 필요한 때 즉시 공급을 받지 못하는 경우도 생긴다. 특히 로스팅한 원두를 사고자 하는 고객이 있다면 더욱 그렇다. 소량의 생두를 로스팅할 수 있는 작은 용량의 로스팅기가 있기는 하지만 작업시간이 오래 걸리고 품질이 원하는 대로 나오지 않아 이용을 자주 하는 편은 아니다.

협업 지원사업으로 대용량의 로스팅 설비를 구축하다

×

김 대표가 질 좋은 원두를 필요한 때 확보하기 위해서는 용량이 큰 로스팅 설비가 필요했다. 이를 구축하려면 4천만 원 내외에 이르는 자금이 필요했는데 이를 혼자서 감당하기는 너무도 벅찼다. 또 구입한다 해도 단독으로 쓰기에는 설비 가동률이 떨어지는 문제가 있어 고민 되었다. 그러던 중 우연한 기회에 지역을 관할하는 관공서 주민센터 직원에게서 소상공인의 협업화 지원에 대한 정보를 듣게 되었다.

인근에서 카페를 운영하는 두 사장님과 협의를 했다. 설비의 필요성에 공감하고 구입할 설비의 종류와 소요자금, 참여업체가 부담 가능한 자금의 규모를 파악한 후 구체적인 사업계획서를 작성해 서울신용보증재단에 사업 참여신청서를 제출했다. 다행히 사업의 필요성과 효과에 대한 긍정적인 평가를 받아 사업이 승인되었고 구입비용의 80% 정도를 무상으로 지원받아 마침내 원하던 로스팅기를 구축했다.

협업에 참여한 3개 업체는 이제 로스팅에는 불편함이 없다. 필요한 품질의 원두를 원하는 만큼 가공할 수 있고, 가공비도 구매하던 것보다는 훨씬 저렴해 영업 수익이 향상되었다. 게다가 여유시간에 작업을 할 수 있어 시간도 효율적으로 사용할 수 있게 되었다. 협업에 참가한 업체 중 생두에 전문성을 가진 대표가 있어 생두 정보도 교환할 수 있었다. 이제는 커피 추출에 자신이 생겨 참가업체가 합심해 브랜드를 만들고 서울에 커피로 특화된 거리를 조성하고 싶다는 꿈이 생겼다.

협업으로 커피 시장에서의 경쟁력을 높여라

✖

국내 커피 시장은 포화상태라고 하지만, 국민 1인당 커피 소비량은 유럽이나 일본에 비해 아직 차이가 커 앞으로도 시장의 규모는 점점 확대될 것으로 전망된다. 현재 우리나라 커피 소비시장을 주도하고 있는 것은 국내외의 대형 브랜드들이지만 이런 브랜드와는 상관없는 소규모 카페 창업 열기도 여전히 뜨겁다.

소비자의 커피에 대한 취향은 다양하고 일반인들의 식견도 점점 높아지고 있다. 이에 적절하게 대응하는 것이 카페 운영의 기본이다. 질 좋은 원두, 고객의 취향에 맞춰 커피를 블렌딩하거나 추출하는 기술은 카페 운영자라면 기본적으로 갖추어야 한다. 협업을 하면 필요한 설비의 구축은 물론, 협업기업 간 정보와 노하우 공유를 통해 새로운 커피문화를 창출할 수 있다.

동네 떡집도
협업 브랜드 시대

전통식품인 떡 시장에도 변화의 바람은 거세게 불고 있다. 예전에는 볼 수 없던 다양한 종류의 떡이 만들어지고 세련된 포장으로 소비자의 눈길을 끌고 있다. 유통경로 또한 과거와는 달라졌다. 온라인 판매가 점점 활성화되고 있고, 대형마트나 백화점에서도 떡을 판매하는 매장이 등장하고 있다. 좀처럼 성장하지 않는 떡 시장에서 이런 변화에 적응하지 못하면 당연히 사업은 힘들어질 수밖에 없다.

소규모로 운영되는 동네 떡집들은 능동적으로 변화에 대처할 수 있는 능력이 부족해 갈수록 매출이 줄어들고 수익성도 떨어지는 상황을 맞이했다. 시장규모 자체가 성장하지 않는 상황에서 그간 오프라인으로만 영업해온 자영업자들은 인터넷이나 모바일을 활용해 판매하기가 쉽지 않다. 브랜드 떡집보다 인지도가 현저히 낮기에 무엇보다 시급한 것은 제품과 점포를 일반 소비자에게 알리는 것이다.

변화에 적응하기 위한 떡집의 노력과 그 한계

✕

요즘 소비자들은 답례품 떡을 주문하거나 선물용 떡 케이크가 필요할 때 떡집을 방문하지 않는다. 온라인으로 주문하고 희망하는 장소에서 물품을 수령한다. 많은 사람들은 잘 알려진 브랜드를 선호하기 마련인데, 그런 곳은 고객이 편리하게 다가갈 수 있도록 홈페이지나 쇼핑몰을 잘 갖추어놓고 있다. 그러나 동네 떡집들은 홈페이지는커녕 블로그 홍보도 하지 못하고 있는 것이 현실이다.

또 대부분의 동네 떡집은 원재료나 떡을 위생적으로 보관할 냉동·냉장설비를 제대로 갖추지 못한 경우가 많다. 그러다 보니 상품 품질이나 수급에 문제가 왕왕 생긴다. 떡 자동화 시설이 없으면 대량 주문이 들어오더라도 적절한 대처가 쉽지 않고, 이로 인해 인건비 등 별도의 비용 부담이 생겨서 수익을 제대로 내기도 어렵다. 이런 문제들을 해결하고 또 생산하는 상품을 널리 알리기 위해 홍보까지 하려면 만만치 않은 자금이 필요하지만 어렵사리 점포를 꾸려가고 있는 동네 떡집의 형편으로는 언감생심이다. 자금이 된다 해도 시장의 전망이 불확실해 과감하게 투자하기가 쉽지 않다.

브랜드를 만들고 설비와 홍보 지원을 받다

✕

용산구 골목시장에서 떡집을 운영하는 허 사장은 자영업자의 협업 지원사업에 대한 정보를 들었다. 인근 떡집 사장들과 공동 브랜드를 만들어 판로도 개척해보고, 자동화 시설도 도입해서 생산성을 향상시키고자 자영업 협업화 지원사업에 참여했다. 복잡해 보이는 사업계획서 작성은 재단에서 지원한 협업컨설턴트의 도움을 받아 완료했다.

협업사업에 선정되어 공동 브랜드 개발 및 쇼핑몰을 구축했고, 자동 송편기 및 냉동창고도 설치했다. 공동 브랜드를 개발하면서 떡 포장지와 스티커도 제작했는데 고객들의 반응이 좋았다. 또 공동 브랜드를 홍보하기 위해 블로그 마케팅을 실시했는데 의외로 많은 곳에서 전화가 왔다. 자동 송편기와 냉동창고를 잘 활용한 덕분에 비용도 크게 절감되었고 밀려드는 주문을 소화하는 데도 어려움이 없었다. 지난 추석 때보다 2배 이상의 송편을 팔 수 있었다.

허 사장과 함께 협업에 참여한 김 사장은 공동 브랜드에 집중했다. 대형 거래처에 납품하고자 몇 년 동안 공을 들였지만 번번이 거절당했었다. 그러다 서울시 협업사업으로 브랜드도 만들고 포장패키지까지 바꾸니 거래처에서도 관심을 가져주었고 제법 규모 있는 기업에 납품도 성사되었다. 동네 떡집도 브랜드가 통했다.

공동 조리센터를 만든
한식 음식점들

한식 음식업은 특성상 여러 종류의 반찬을 준비해야 하고, 재료 준비와 조리, 보관 등에 많은 일손과 설비가 필요하다. 당연히 시설과 조리공간 마련을 위한 자금이 사업 초기에 투입되어야 한다. 또 인건비와 원자재인 식재료 구입비가 주된 운영비용인데, 최근에 이 비용이 상승하는 추세여서 식당 운영이 점점 어려워지고 있다.

공동 조리센터 설치를 지원하다

×

규모가 크지는 않으나 꾸준히 한식 음식점을 운영해온 박 대표는 평소 서울시 외곽의 독립된 조리공간을 활용해서 도심지 한식당의 수익성을 향상시키는 사업을 구상해왔다. 임대료가 저렴한 곳에 조리공간을 갖추고 반찬류를 전문적으로 조리해서 임대료가 비싼 도심지 음식점에 공급하면 서로에게 이익이 된다고 생각했다. 도심지 식당은 적은 조리공간과 인력으로 식당을 운영할 수 있고 시장 상황에 따라 탄력적인 운영도 가능하다. 조리센터는 식재료 대량구매로 단가를 낮출 수 있고, 일정량 이상을 만들게 되면 생산성도 높아질 수밖에 없다. 또한 반찬류에 대한 전문성을 향상시키면 반찬가게 프랜차이즈로 발전시킬 수 있기 때문에 꼭 시도해보고 싶은 사업이었다.

도심에 2개의 협력 식당이 있었기 때문에 생각해볼 수 있는 협업 아이템이었다. 박 대표는 같은 상호로 한식 음식점을 운영하는 대표 2명과 함께 공동 조리센터를 협력해 조성하기로 하고, 서울시 자영업 협업화 지원사업을 위한 사업계획서를 준비했다. 장소는 박 대표가 제공하고 조리센터 설비와 냉동·냉장창고는 자영업 협업화사업에서 90% 무상자금을 지원받아서 충당했다.

식자재 관리와 운용 효율성을 높이다

×

공동 조리센터에서 1차 조리한 반찬류를 협업 참가업체에 배송하니 참가업체들의 인건비 절감과 공간 활용 효율이 높아졌고, 저온창고를 이용한 식재료의 신선도 유지로 품질도 점점 향상되었다. 각 업체가 사용할 물량을 같이 구입하니 이전보다는 저렴한 가격에 상품을 구매할 수 있었다. 반찬 조리와 식재료 구매에 투입되던 시간이 절약되니 그 시간에 새로운 메뉴도 개발해 고객들로부터 좋은 반응을 얻기도 했다. 공동 조리센터 운영이 인근 음식점에도 알려져 센터에서 조리한 식품을 공급해달라는 요청이 하나둘 생기기 시작했고, 센터 운영이 점점 활성화되면서 수익 측면에서도 상당한 기여가 있었다.

물론 사업을 시행해나가면서 여러 가지 변수가 나타나고 있다. 코로나19로 인한 식당의 불경기로 주문량이 감소하기도 했고, 조리 후 배송에 따른 신선도 문제, 균일한 맛을 내기 위한 양념장의 표준화까지 아직 해결해야 할 과제는 많다. 그러나 학교 구내식당 운영 및 도시락 사업을 겸영하면서 가동률을 유지하는 등 문제를 하나씩 해결해나가고 있어서 향후 전망은 밝아 보인다.

도소매 협업

도소매점·전통시장

경동시장 인삼유통업체의
저온창고시설 구축

경동시장은 우리나라 제일의 한약재 시장이다. 경동시장 내 경동인삼 유통상가에는 수백 개의 인삼판매업체가 입점해 영업하고 있다. 인삼상가는 국내뿐 아니라 중국, 동남아에도 널리 알려져 해외 관광객들이 중요한 고객군의 하나로 자리 잡고 있다.

사업 지속을 위해 필요한 대용량의 냉동보관창고

×

도 사장은 경동시장에서 삼계탕용 인삼 도매와 일반 소비자를 대상으로 한 인삼 및 인삼제품 소매업을 하고 있다. 30년 이상 이 사업에 열심히 종사해온 덕분에 비교적 안정적으로 점포를 운영해왔다. 그런데 한국인삼공사, 농협 같은 대기업들의 브랜드 인삼제품 유통망 확대와 대형할인점의 시장 잠식으로 사업 환경이 점점 어려워지고 있다. 여러 가지 이유로 외국 관광객의 발길도 점점 줄어들고 있다. 지금부터 본격적으로 노후를 준비해야 할 시기이지만 사업 확대는 고사하고 현상 유지도 만만치 않은 상황이다.

고객의 접근성과 편리성에서 취약점을 안고 있는 도 사장을 비롯한 경동시장 인삼판매업자들이 사업을 지속하기 위해서는 어떻게 해야 할까? 품질과 가격경쟁력을 높이고, 적기납품을 통한 고객 유지 및 손실률을 최소화해 관리비용을 절감해야 한다.

신선한 수삼을 출하기에 좋은 가격으로 대량 구매해 보관하고, 고객이 요구하는 물량을 즉시 공급하기 위해서는 장기간 품질을 유지할 수 있고 충분한 물량 저장이 가능한 냉동보관설비가 필요했다. 문제는 설치에 소요되는 자금이었다. 영세업자들로서는 감당하기 힘든 규모여서 해결방안을 찾으려 고민하던 중 도 사장은 서울시 자영업 협업화 지원사업에 대해 알게 되었다.

공동 이용 냉동보관창고 구축으로 수익 증가

×

인근 사업장 대표자들과 협의한 끝에 지원사업에 도전하기로 하고, 보다 자세한 정보를 얻기 위해 사업 운영기관인 서울신용보증재단에 문의했다. 재단에서 사업을 담당하는 직원이 점포를 방문해 사업내용과 참여요령을 자세하게 안내해주어 본격적으로 사업을 추진할 수 있었다.

사업계획 수립이 어려웠으나 재단 담당자의 도움으로 해결했고 서류 준비와 평가에도 각 참여업체가 적극적으로 협조한 결과 좋은 평가를 받아 총 7개 업체가 공동으로 이용할 냉동보관창고 2식이 사업장 소재 건물 내에 설치되었다. 이에 소요된 자금의 90%가량을 서울신용보증재단이 지원해주었다.

보관시설이 있으니 출하기에 좋은 가격으로 많은 양의 인삼을 구매할 수 있게 되었고 품질 손실 없이 장기간 보관이 가능해 그동안 발생하던 손실비용이 크게 줄어들었다. 또한 보관된 상품을 시간이 날 때마다 삼계탕용 상품으로 가공해 저장했다가 거래처에서 필요한 때 바로 공급해줄 수 있는 여건도 갖췄다. 이를 기반으로 새로운 고객 확보에도 적극적으로 나서 상당한 성과를 거둘 수 있었다.

협업과 협업 지원사업에 대한 주변 상인들의 관심도 또한 크게 높아졌다. 1년 후에도 경동시장 내 인삼판매업자로 구성된 협업체가 같은 내용의 지원을 받아 사업에 크게 도움을 받았다.

전통시장 상인들,
협업으로 돌파구를 마련하다

전통시장 상인들은 요즘 고민이 많다. 생활·소비방식과 유통구조의 변화로 점점 전통시장이 예전과 같은 활력을 찾지 못하고 있기 때문이다. 백화점, 대형할인점, 중소 규모의 마트 등은 접근성이 편리하고 가격경쟁력도 있을 뿐 아니라 상품의 다양성이나 품질 면에서도 전통시장에 비해 우위를 점하고 있다. 쇼핑이 하나의 문화나 즐길 거리가 되어버린 현대인의 삶에 잘 적응한 결과다.

전통시장이 이런 상대들과 경합해서 경쟁우위를 점하기란 쉽지 않다. 더욱이 자력으로 대형업체들과 경쟁할 수 있는 여건을 만드는 것은 더욱 어려운 문제다. 다행히도 소상공인시장진흥공단이나 각 지방자치단체에서는 전통시장의 애로사항을 잘 알고 있고 시장 육성과 활성화를 위한 다양한 지원책을 시행하고 있다. 전통시장 ICT화 지원, 역량 강화를 위한 상인대학 운영, 활성화 컨설팅 지원, 배송서비스 지

혼자 하지 말고 함께해라

원, 공동 마케팅과 홍보 지원 등 소상공인시장진흥공단의 지원과 서울시의 특화시장 육성사업, 시설현대화 지원사업, 주차설비 지원사업, 청년상인 육성사업, 각종 이벤트 지원사업이 그 예다.

이와 별개로 상인들의 개별적인 영업내용에 적합한 지원사업이 있어 이에 참여할 수 있다면 큰 도움이 될 것이다. 예를 들면 개별 상인이나 동종영업을 하는 업체들에게 운반이나 보관설비 등의 시설 구축, 취급 상품에 대한 홍보나 브랜드 개발, 업종별 공동 판매시스템 등을 직접적으로 지원해주는 사업 등이다.

협업을 통한 시장 활성화 지원사업

✕

서울시에도 상인들의 협업을 지원하는 사업이 있다. 예를 들어 신선식품을 판매하는 시장 상인들이 여럿이 모여 공동으로 사용할 수 있는 저온창고나 포장기, 소분기 등 설비를 구축하거나, 동종상품을 취급하는 상인들이 모여 공동으로 상품을 홍보하고 판매하는 홈페이지 또는 쇼핑몰을 만들거나, 공동 브랜드 개발 등을 추진하는 것이다. 이외에도 3~4개 업체가 모여 협업체를 구성하거나 5개 이상의 업체가 협동조합을 설립해서 추진하면 구성업체에 공동의 이익이 생길 수 있는 사업 항목이 많을 것이다.

협업을 하는 소상공인들에 대해 정부나 지자체는 관련 지원사업을 시행하고 있다. 특히 협업에 대한 지원사업은 설비 등을 무상으로(단,

소요비용의 10~30%는 협업 참가업체가 부담) 지원한다는 점에서 매력이 있는 사업이다.

협업은 동업과는 다르지만 협업이 성과가 없거나 실패하는 원인 중 하나는 동업이 실패하는 원인과 동일한 것이라고 말할 수 있다. 즉 협업이 성공을 거두기 위해서는 협업을 하는 업체들의 인적 유대관계와 협력, 협업에 임하는 자세가 중요하다.

전통시장 내 상인들은 오랜 시간 장사해오며 긴밀한 관계를 맺어왔을 것이므로 협업할 때 상호 간 협력과 배려에는 문제가 없을 것이다. 그러므로 새로운 영업 활성화 방안으로 협업에 관심을 가지고 관련 지원사례나 정보를 살펴보기를 권한다. 현재 중소벤처기업부 소관 소상공인시장진흥공단, 서울시, 부산시 등이 소상공인의 협업에 대해 직접적인 자금지원을 하고 있다. 주변 업체들과 소통에 힘쓰고 사업정보를 교류하며 무언가 힘을 합해 할 만한 일들을 찾아보고 지원 관련 정보를 관심 있게 본다면 좋은 성과를 이룰 수 있을 것이다.

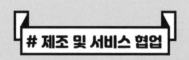

제조 및 서비스 협업

인쇄·포장패키지

커팅플로터와 전동지게차를 지원받은
지류제품 제조업 협업

우리 생활에서 종이의 용도는 실로 다양하다. 문서 작성, 인쇄물 제
작, 포장재, 공예품 제작 등 전통적인 용도 외에도 요즘에는 가구, 장
난감, 전기용품, 교육 보조재에 이르기까지 많은 분야에서 지류가 사
용된다. 특히 환경의 중요성이 강조되는 요즘, 가정이나 아동, 학생들
이 사용하는 품목에 친환경적이고 안전한 종이류를 소재로 한 제품
의 종류와 수요가 늘어나고 있다.

지류를 활용한 제품 수요가 확대됨에 따라 이에 뛰어들어 상품을 개
발하고 생산하는 업체도 점점 증가하고 있다. 이런 업체들은 먼저 아이
디어를 내고 이를 디자인해서 제품을 만들게 되는데, 그 과정에서 시제
품의 모형을 만들어보고 종이를 디자인한 모양대로 자르는 등의 작업
설비들이 필요하다. 거기에 원자재의 무게는 다른 소재에 비해 가볍지
만 부피가 커서 그 보관이나 운반을 위한 공간과 시설도 있어야 한다.

사업에 필요한 고가의 지류 가공 및 운반 기계

×

현재 지류사업을 하는 업체들은 젊은 청년층에 의해 운영되고 있는 경우가 많다. 아이디어로 무장하고 성공을 위한 열정을 지닌 그들은 추진력이 있고 실패에 대한 두려움도 크지 않지만, 사업 경험이나 축적된 자본이 적은 것은 약점이다.

커팅플로터는 지류사업을 하는 곳에 꼭 필요한 설비 중 하나다. 설계한 모양대로 골판지 등 자재를 잘라주는 설비인데, 기계 한 대의 가격이 3천만 원에 달해 소상공인이 홀로 장만하기가 쉽지 않다. 그래서 대부분의 업체가 커팅작업을 손으로 하거나 외부업체에 의뢰를 하고 있는 형편이다. 이로 인해 품질, 비용, 제작시간 등에 어려움이 있다. 아이디어를 먼저 모형으로 제작해볼 수 있는 3D프린터도 필요한 장비인데, 사양에 따라 다르기는 하지만 이 가격도 만만치 않다. 원자재 운반도 인력으로 감당하기는 어려워 지게차를 빌려 이용하는데 1회당 이용료 역시 사업 운영에 큰 부담이 될 수밖에 없다.

협업사업에서 길을 찾은 지류업체들

×

페이퍼팝의 박 대표는 평소 아이디어와 사업정보를 교류해오던 지류제품 제조업체 대표 3명과 자주 안정적인 사업 운영방안과 발전방안을 논의하곤 했다. 현재의 형편으로는 무엇이든 힘을 모아서 해야 한다는 데는 이견이 없었지만, 정작 힘을 모아 무엇을 어떻게 해야 할지에 대한 논의는 방향을 잡지 못하고 있었다. 서울시에서 지원하는 자영업 협업화 지원사업에 대한 정보를 듣고 담당자와 상담을 하면서 무엇을 해야 할지 아이디어가 딱 떠올랐다.

망설일 것 없이 협업으로 추진할 사업내용을 정하고 사업에 참여하기로 했다. 4명의 대표자가 협업체를 구성해 신청했고, 팀의 협력관계와 사업계획, 기대효과의 적정성 등에 대해 인정을 받아 커팅플로터 및 전동지게차 등을 구입하는 데 필요한 자금의 90%까지 무상으로 지원을 받았다. 제품 개발 및 제작, 원자재 운반과 보관에 따른 여러 가지 어려움을 일거에 해소할 수 있게 된 것이다.

동종업종 또는 사업상 긴밀한 관계가 있는 업체들이 서로에게 이익이 될 수 있는 협업아이템이 있다면 과감하게 지원사업의 문을 두드려볼 필요가 있다. 좋은 협업사업 계획으로 문의한다면 사업을 지원하는 기관도 매우 적극적으로 맞이해줄 것이다.

스마트폰케이스 제작업체,
협업으로 인쇄의 품질을 높이다

이제 스마트폰은 필수품이다. 초등학생부터 나이 지긋한 어르신까지 남녀노소를 불문하고 스마트폰이 없는 사람은 찾아보기가 어렵다. 너도나도 스마트폰을 손에 들고 다니는데 대부분 스마트폰케이스를 사용하고 있다. 충격으로부터 스마트폰을 보호하고자 하는 것이 주된 목적이겠지만 요즘에는 케이스에 독특한 디자인이나 문양을 인쇄해 자기만의 개성을 표출하거나 만족을 얻는 장신구로도 이용한다. 이런 수요가 증가함에 따라 자연히 다양한 디자인의 스마트폰케이스가 시장에 출시되고 있다.

스마트폰케이스의 경쟁력을 높이는 인쇄품질

×

스마트폰케이스 제작업체의 경쟁력은 디자인과 인쇄품질에 달려 있다. 그래서 각 업체는 다양한 콘셉트의 디자인을 개발하고 내구성과 색감이 우수한 인쇄를 위해 기술이나 장비 보유를 희망한다.

서울 성북구에 소재하는 마이팝을 경영하는 이 대표는 전사프린팅 설비를 보유하고 있다. 하지만 낡고 용량이 적어 고장이 잦고 다량의 제품을 생산하려면 시간이 오래 걸린다. 그럴 때마다 외부에서 작업을 해오고는 하는데, 여기에 소요되는 시간과 비용이 만만치 않다. 더욱이 그 과정에서 만에 하나 디자인이 유출되면 그간 노력이 헛된 것이 되어버린다. 이런 이유로 모든 과정을 스스로 처리하고 싶지만 그러기 위해서는 용량이 큰 전사프린팅 설비가 필요하고 구입에는 3천만 원 내외의 큰돈이 든다. 혼자 이를 감당하기는 벅차고 구입한다 해도 설비를 효율적으로 가동하기 어려울 것 같다. 같은 업종에 종사하는 선배가 있어 가끔 만나 서로가 가진 고민을 상의해보지만 늘 걸림돌은 투자금 조달에 관한 문제다.

협업으로 사업확장에 가속도가 붙다

×

이 대표는 사업에 대한 열의와 포부가 대단하다. 그래서 중소기업이나 소상공인에 대한 지원사업도 적극적으로 알아보고 참여해서 사업 성장을 위한 기반을 마련하고자 애쓴다. 그러던 중 서울시의 협업에 대한 지원사업 정보를 알게 되었다. 동업 선배, 인근에서 아이디어제품 개발업을 하는 친구와 협업체를 구성했고 사업에 참여해 서울신용보증재단으로부터 대용량의 전사프린팅 설비 구입자금의 90%를 무상으로 지원받아 설치했다.

설비가 갖추어지자 제품 개발과 제작에 가속도가 붙었다. 최신 인쇄설비로 인쇄품질이 향상되자 그동안 거래해오던 거래처로부터 주문에 늘어나기 시작했다. 인쇄비용이 절감되니 사업의 수익성도 향상되었다.

전사프린팅은 금속이나 천, 플라스틱류 등에도 적용 가능한 입체 인쇄방식이어서 여러 아이디어 제품 개발업체로부터 제품 공동 제작과 판매에 대한 문의가 들어왔다. 의류나 신발 등에도 디자인을 인쇄해 유니크한 제품을 개발하는 작업을 진행하게 되었는데 이것이 정부 지원과제로 선정되어 개발비를 지원받는 성과도 거두었다.

협업 이후 사업이 확장되어 금융기관으로부터 자금지원을 받아 인쇄설비를 추가로 도입했고 이를 기반으로 이제는 제품의 해외 수출도 준비하는 등 이 대표의 의욕은 활활 타오르고 있다.

디지털 인쇄장비 지원을 통한
인쇄·인쇄기획업체의 협업

충무로 인쇄골목에서 조그만 인쇄업체를 운영 중인 은하인쇄 김 대표는 30년 이상 이 업종에 종사해온 베테랑이다. 해마다 올해는 좀 나아질 거라는 기대로 영업을 시작하지만 얼마 지나지 않아 기대를 접고 그나마 현상 유지라도 했으면 좋겠다고 생각한다. 디지털 시대에 인쇄 수요는 점점 줄어들고 인쇄업체 간 경쟁은 날로 치열해져 갈수록 업체 운영이 힘에 부친다.

김 대표는 인쇄기획과 디자인 및 기업이나 관공서의 주문을 받아 책자의 소량 제작을 많이 하고 있다. 보유 설비는 제작된 지 20년가량 된 노후 설비로 고장이 잦고 인쇄품질도 떨어진다. 그 때문에 인쇄작업을 외부에 맡기는 경우가 많은데 소량 인쇄는 해줄 만한 업체를 찾기가 쉽지 않고, 설사 찾는다 해도 원가가 높고 제작기간이 길어져 납기를 맞추지 못하는 등 문제가 생기기도 한다. 명함, 전단지나 리플릿, 스티커 등을 제작 주문하는 고객도 있는데 그때마다 인근 업체에 부탁해야 하기 때문에 힘들 수밖에 없다.

소량 책자 인쇄를 자동으로 할 수 있는 좋은 설비가 있다. 이 설비를 이용하면 100권 내외의 책자 인쇄는 작업할 내용만 입력하면 자동으로 인쇄가 진행되어 편리하기도 하고 제작비용이나 시간이 크게 절감된다. 그래서 수주를 망설일 필요도 없고, 나아가 적극적으로 입찰에 참여하거나 영업활동을 펼칠 수 있으므로 사업에 많은 도움이 된다. 명함이나 리플릿, 스티커 등 고객이 요청하는 특수인쇄용 장비도 필요하기는 하나 이들은 상시 가동이 어려워 구입한다 해도 운영 효율성에 문제가 있다. 게다가 이런 장비들을 모두 갖추려면 대략 4천만 원 이상의 자금이 필요해 작은 인쇄업체의 상황으로는 감당하기 어렵다.

협업화 지원사업으로 인쇄설비를 마련하다

✕

주변의 인쇄업체 중에는 용도가 다르긴 하지만 김 대표가 원하는 설비가 필요한 업체들이 있다. 그런데 이 설비로 소량의 인쇄 작업을 하는 경우 설비 이용 효율이나 제작원가에 문제가 생긴다. 고객들의 소량 인쇄와 특수 인쇄 요청에 응하다 보면 비용도 그렇지만 일의 진행이 원활하지 못한 경우가 있어 수주를 해야 할지 고민이 된다. 그러나 요즘 같은 인쇄 불경기에 고객의 주문을 선별해서 받기가 쉽지 않고

자칫 고객이 이탈할까 걱정이 될 수밖에 없다.

이런 문제를 해소하기 위해 세 업체 대표님들이 협업사업에 참여하기로 했다. 서울신용보증재단의 자영업 협업화 지원사업에 대해 알고 있는 최 대표가 중심이 되어 자세한 사업 진행 절차를 파악하고 재단의 지원을 받아 사업계획 수립과 사업계획서 작성 후 사업 참여를 신청했다. 그 결과 디지털프린터, 컬러프린터, 코팅기, 명함재단기, 도무송커팅기 등 총 5종의 설비를 지원받게 되었다.

협업으로 적극적인 영업 수주가 가능해지다

✕

설비가 설치되자 각 업체들이 그간 가지고 있던 애로사항들이 해결되었고, 이를 바탕으로 적극적인 수주활동을 펼쳐나갈 수 있었다. 또한 협업에 참여한 업체들 간의 협력은 더욱 활성화되었다. 예를 들면 수주물량의 규모에 따라 각 업체가 보유한 설비와 지원받은 설비를 활용해 공동 작업을 진행함으로써 이를 처리할 수 있게 되었으며, 그에 따라 각 업체의 영업 범위가 확대되었다. 매출과 수익이 증가했고, 작업의 효율성과 인쇄품질도 크게 향상되었으며, 점점 사업에 대한 재미와 자신감도 커지고 있다.

전장부품 제조업체의
자동화 제작설비 도입을 위한 협업

통신기기, 가전제품, 조명기기, 자동차 등의 전장부품인 하네스는 전기신호와 전력을 전달해주는 기능을 하는데, 그 제작에 필요한 부품의 수가 많고 조립과정이 복잡하다. 박 사장은 구로중앙유통단지에서 하네스 제조업을 8년째 하고 있다. 보유한 장비는 개업 초기 장만한 것으로 점차 성능이 떨어지고 있다. 그나마 장비가 없어 외주를 줘야 하는 작업도 있어 제작시간과 비용, 품질의 정확도 등이 항상 고민거리다. 같은 상가에서 자동제어시스템과 컨트롤박스를 생산하는 이사장과 김 사장도 하네스를 이용해 제품을 제작하고 있다 보니 역시비슷한 애로사항을 가지고 있다.

협업을 통한 하네스 제조설비 구축

✕

박 사장은 평소 소상공인 지원사업에 관심이 많았다. 그러다 서울시 자영업지원센터 홈페이지를 통해 서울신용보증재단의 협업 지원사업을 알게 되었다. 마침 노후장비 교체와 자동화장비 도입을 생각하던 중이라 무상으로 설비구축자금을 지원한다는 소식에 유통단지 내 다른 두 사장님과 협력해 장비를 도입해 공동 이용하기로 하고 지원사업 참여를 결정했다.

사업계획 수립과 계획서 작성은 재단의 컨설팅 지원으로 수월하게 할 수 있었다. 사업신청 접수 후 협업사업의 내용과 필요성, 예상효과를 파악하기 위해 사업장을 방문한 사업 담당자들에게 자세한 사항을 브리핑한 결과 좋은 평가를 받고 지원대상 협업체로 선정되었다. 지원받은 장비는 전선가공기, 하네스 자동절단기, 수동압착기 및 어플리케이터, 권선기 등 6종의 설비와 작업대 등이었으며, 시설구입자금의 85%를 무상지원받았다.

생산효율이 증가하고 수익성이 향상되다

✕

협업으로 인한 효과는 예상대로였다. 자동화 설비가 도입되니 생산효율이 15% 이상 향상되었고, 시장을 잠식해오는 중국산 제품과의 차별화가 가능한 양질의 하네스를 제작해냈다. 외주를 주어야 하던 넘버링 등 여러 작업을 자체 처리하게 되자 제품 생산비의 20%에 달하던 외주비용이 절감되어 수익성도 향상되었다. 물론 협업에 참여한 다른 사장들도 같은 효과를 보았다.

협업설비를 지원해준 서울신용보증재단은 협업에 참여한 업체의 사업활성화를 위한 홍보와 교육 등 추가적인 지원을 제공해주었으며, 박 사장은 그중 SNS 홍보와 홈페이지 제작 지원을 받았다. 놀랍게도 홍보내용을 보고 제품 구매를 문의하는 고객들이 많았고 실제 매출로 연결되기도 했다. 직접적으로 사업에 도움이 된 것은 물론 새로운 마케팅 방안에 대해 연구하고 공부하는 계기가 되었다.

조금의 관심으로 시작된 협업이 사업에 현실적인 도움이 되었고 나아가 홍보와 마케팅에 관한 색다른 경험을 선사했기에 앞으로의 사업체 운영에 좋은 변화가 있을 것으로 기대한다.

시각디자인 관련
전문장비 도입을 위한 협업

시각디자인은 시각에 호소해 정보를 전달하는 작업이다. 인공지능 시대에 많은 일들이 사람의 손이나 머리로부터 떠나가고 앞으로 이런 현상이 더욱 심해져 지금 우리가 알고 있는 직업 대부분이 사라질 것으로 예상되지만, 그래도 고도의 아날로그적 창의성을 기반으로 하는 시각디자인은 미래에도 주목받을 분야로 인식되고 있다. 그런 만큼 이 분야는 더욱 전문적인 설비가 필요하다. 디자인 전문 컴퓨터와 프로그램, 디자인의 세밀하고 감각적인 부분을 표현해주는 정교한 프린터 등이 그것이다.

또 디자인 작업에는 다양한 서체가 필요하고 그림이나 문양 등도 사용하게 된다. 서체나 이미지, 사진, 문양 등에는 저작권이 있어 이를 함부로 이용하다가는 법적으로 문제가 발생할 수 있다. 특히 포스터나 광고, 인쇄디자인은 유료 서체를 사용해야 하는데 필요한 서체 정품을 구입하지 않았다면 해당 서체를 보유한 업체에 의뢰해서 제작해야 한다. 전에는 디자인기업과 인쇄업체의 구분이 명확했지만 디지털 기술의 발달과 경쟁격화로 업의 경계가 점점 무너지고 있다. 디자인기업은 디지털장비를 이용해서 샘플이나 소량 인쇄는 직접 하는 추세이고, 인쇄업체들은 수익성을 높이기 위해 디자인 기능을 흡수하고 있다.

디자인 장비와 서체 구입 지원

✕

인쇄·디자인업을 운영하기 위해서는 디자인 장비와 서체 등을 구입해서 운영해야 하는데, 영세한 규모의 업체들은 이를 정상적으로 구비하지 못하고 있는 것이 현실이다. 자력으로 할 수 없다면 어떻게 해야 할까? 협업으로 이런 문제를 해결할 수 있다.

충무로의 인쇄·디자인업체들은 오랫동안 호황을 누리기도 했지만 인터넷과 디지털장비가 발달하면서 일감은 줄어들고 있고 단가는 10년째 제자리걸음이다. 수익성이 낮아지면서 문을 닫는 업체들도 많아졌다. 충무로에서 20여 년 동안 인쇄·디자인업체를 운영하고 있는 유 대표는 몇 년 전부터 고민이 생겼다. 유 대표의 회사는 디자인을 하고 샘플을 직접 뽑는 시설까지는 갖추었는데, 주문이 점점 소량화되고 거래처의 납품단가 인하요청이 늘어나면서 필요한 소량인쇄시설을 도입해야 할지 결정을 하지 못하고 있었다. 디지털장비는 가격도 비싸서 투자금도 큰데 투자를 했다고 해서 일감이 늘어날지는 알 수 없어 선뜻 투자를 못하고 있는 것이다.

모임에 나갔다가 자영업 협업화 지원사업에 대해서 들었고, 검색을 하다가 중소기업청에서 운영하는 기업마당을 통해 정보를 얻었다. 서울시 자영업지원센터 담당자와 상담을 했고, 협업사업계획의 적합성을 인정받아 자동컬러인쇄기와 리플릿 및 책자를 만드는 후가공시설까지 지원을 받았다.

디자인을 위한 서체 구입이나 디자인용 컴퓨터 시스템 및 출력 장비까지 협업 지원사업으로 구축할 수 있다. 이런 장비가 필요한 업체들이 모여 협업체를 구성해 사업계획을 수립하고 그 사업에 대한 지원을 요청하는 경우 그 사업의 내용을 검토해 중소벤처기업부나 지방자치단체 산하기관에서 지원하는 제도다. 개별 기업으로 구성된 임의의 협업체는 지자체 산하기관에서, 소상공인 협동조합에 대한 협업화는 소상공인시장진흥공단에서 지원한다.

협업이 새롭게 도약하는 계기가 되다

✕

지원을 받은 이후 같이 협업에 참여한 업체들과 디자인, 제판, 출력 등 각 인쇄공정에서 협업을 진행했다. 그 결과 각 공정에 소요되던 비용이 절감되었고 영업이나 수주의 범위도 확대되어 사업의 성장에 많은 도움이 되었다.

유 대표는 자영업 협업화 지원사업을 알게 된 것이 사업에 매우 중요한 전환점이 되었다. 마음껏 영업하고 생산할 수 있는 기반이 조성되어서 몇 년간은 걱정 없이 사업을 운영할 수 있게 되었다. 경영 환경 변화에 어쩔 수 없다고 한탄만 하기보다는 적극적으로 정보를 수집해서 자신에게 맞는 정부지원정책을 알아보고 실천하다 보면 좋은 해법이 기다리고 있을 수 있다. 그중 협업사업은 가장 좋은 해결책 중에 하나일 것이다. 협업사업이 열악한 경영 환경에 처한 영세 소상공인에게 자립 기반을 제공해주고 나아가서는 성장할 수 있는 디딤돌이 될 수 있다.

PART 3

소상공인의 희망 협업 성공사례

강동 엔젤공방
협업으로 찾은 희망

사업을 처음 해보는 사람들, 길어야 1년 남짓한 초보 사업가들은 모든 것이 낯설고 힘들다. 남들은 4차산업혁명, 인공지능을 말하는데 직접 손으로 제품을 만드는 공방으로 창업한 사람들이 있다. 그것도 하나둘이 아니라 모두 여덟이고 더 늘어날 전망이다. 바로 강동역 근처 강동구청에서 조성한 강동 엔젤공방 거리에 위치한 공방기업들의 이야기다.

변종업소거리에서 엔젤공방 거리로 거듭나다

✕

이곳은 원래 변종업소들로 밤이면 북적이던 곳이었다. 반면에 낮에는 유동인구가 적어 한적하다 못해 활기를 찾기 어려웠던 이곳에 공방이

들어서면서 분위기가 밝게 바뀌고 있다. 엔젤공방 8호점까지 들어서면서 공방 거리가 조성된 것이다. 강동 공방 거리는 앞으로도 계속해서 공방이 늘어날 예정이다. 이미 9호점도 입점 준비를 하고 있으며, 강동구청은 변종업소로 가득한 건물을 인수해 공방허브 역할을 하는 건물로 신축하려 하고 있다. 당연히 인근 주민들도 반기고 있으며, 서울을 대표하는, 나아가 대한민국을 대표하는 공방의 거리로 부상할 것이다.

엔젤공방 사장님들은 대부분 이곳 강동 공방 거리에 엔젤공방으로 입주하며 사업을 시작했다. 초기에는 사업 경험이 부족하다 보니 여러 시행착오를 겪을 수밖에 없었다. 공동의 어려움을 겪던 공방 사장님들은 각자도생이 아니라 함께 사는 방법을 모색하기 시작했다. 그래서 사업자협동조합도 구성하기로 하고, 서로 돕는 방법을 찾고 있었다.

그러던 중 메탈룸 이 대표는 거리 판매에 나갔다가 먼저 협업화 사업을 경험한 선배기업 대표로부터 서울시 자영업 협업화 지원사업이 있다는 사실을 알게 되었다. 이 대표는 그때부터 이 제도에 관심을 가졌다. 좀 더 자세히 알아보면서 '함께 공동 시설을 지원받으면 큰 도움이 되겠구나.'라고 생각했고, 인근 공방인 공방시와저 유 대표 등과 함께 공동 시설을 신청하고 지원받게 되었다.

협업기업으로 선정되며 3D프린터 지원받다

✖

메탈룸 협업체는 먼저 사업신청을 위한 전제조건인 사업설명회에 참여했다. 협업 지원을 도와주는 협업컨설턴트의 도움을 받아 사업을 신청했고, 심사과정을 거쳐 결국 협업기업으로 선정되어 3D프린터를 지원받았다. 그 덕분에 제품의 디자인 완성도를 높이고, 비용도 절감하는 등 큰 도움이 되고 있다.

금속공예를 하는 메탈룸의 경우 반지, 목걸이 등 다양한 디자인이 필요한데 이 제품을 샘플링하기 위해서는 종로까지 나가야 하고 기본 샘플만 해도 2만~3만 원의 비용이 들었다. 하지만 3D프린터를 사용하면서 재료비만 있으면 얼마든지 샘플을 뽑아보고 수정할 수 있어 비용을 절감할 뿐만 아니라 제품의 완성도도 높일 수 있었다. 50% 정도의 비용 절감은 물론, 나아가 고객의 요구에 신속하게 대응할 수 있게 되어 경쟁력까지 높였다는 것이 이 대표의 말이다.

"액세서리의 경우 원 모형이 중요한데 그것을 만들려면 비용이 비싸요. 3D프린터가 있으면 샘플을 많이 뽑아볼 수 있어 제게 가장 큰 도움이 되는 것 같아요"

SNS 교육으로 홍보에 자신감을 얻다

✖

이 대표는 정말 바쁜 시간을 보내고 있다. 협동조합을 만들기 위해서 모임도 해야 하고, 정관도 만들어야 하며, 사업계획서도 수립해야 하고, 강동구청에서 위탁받은 공방 교육생들 교육도 해야 하며, 자체적으로 공방을 배워보겠다는 고객의 요구에 대응하느라 눈코 뜰 새 없이 바쁜 나날이다.

이런 와중에서 서울신용보증재단에서 협업기업들을 대상으로 한 SNS 교육 과정에 모두 참여해 시간을 더욱 쪼개 사용해야 했다. 서울신용보증재단은 협업기업들에게 공동 시설을 지원하는 것에서 그치지 않고, 홍보를 통해 매출을 증대할 수 있도록 스마트스토어, 모바일 홈페이지 모두, 인스타그램, 페이스북 등 SNS 홍보 등 20시간에 걸친 교육과정을 마련했다. 이 교육은 실제 홍보에 바로 적용할 수 있도록 하는 데 주안점을 두었다. 이 대표는 홍보가 앞으로의 매출에 큰 영향을 미칠 것이란 판단에 대부분의 교육에 적극적으로 참여했다.

이 대표는 "협업화 사업에 참여한 것은 정말 잘한 선택 같아요. 공동 시설을 지원받은 것은 물론 홍보 관련 교육들도 정말 잘 배운 것 같다는 생각이 듭니다. 한 번만 알아서 끝나는 것들이 아니라 알고 있으면 도움 되는 것들이 많았어요. 이렇게 교육으로 알게 된 홍보방법들을 잘 실천해 앞으로 우리 브랜드를 더 열심히 많이 알려야겠지요."라는 소감과 함께 내년에는 150% 이상 매출 증대를 이루겠다며 웃었다.

이 대표의 손은 성할 날이 없다. 금속공예의 도구들에 늘 손을 다치기 때문이다. 그런데 그렇게 무엇인가를 만들다 보면, 그리고 완성되어 반짝이는 작품을 보면 행복하다는 이 대표. 이러한 엔젤들이 모여 강동구에 대한민국을 대표하는 강동 공방 거리가 만들어지고 있다.

"협업체를 바탕으로 협동조합을 결성해 콜라보할 것"

×

메탈룸은 협업에 참여했던 기업들과 함께 사업자협동조합을 만들었다. "공방으로만 보면 다 개개인인데, 협동조합을 만들어 뭉쳐서 하면 힘이 세지겠죠. 엔젤공방만 해도 더 큰 힘들이 생길 것 같아요."

그는 협업체를 바탕으로 협동조합으로 나아가고자 하는 분명한 방향을 갖고 있었다. "협동조합이 만들어져서 강동구에서 관련 수업을 듣고 싶은 분들을 연결해줄 수도 있고, 전시회도 개개인이 아닌 페어로 신청해 좀 더 다양한 제품들을 보여줄 수 있을 거예요." 협업기업들과 공동 마케팅도 하고, 홍보도 같이할 계획이다. 협동조합이 있으면 공동 판매도 가능할 것이고, 공동 쇼핑몰도 만들 수 있어 엔젤공방 업체들의 경쟁력 강화에 큰 도움이 될 것이라고 판단한다.

이들 공방의 장점은 모두 가까이에 있다는 것이다. 거리상으로 가까워 서로 커뮤니케이션하기에 좋은 것도 협동조합으로 나아갈 수 있는 좋은 조건이다. 이들은 협업화 사업을 바탕으로 다양한 협업 아이템을 구상하고 있으며, 공예가 창작이듯 강동 공방의 거리도 창조한다는 열의를 갖고 있다.

공동의 어려움을 겪던 공방 사장님들은 각자도생이 아니라
함께 사는 방법을 모색하기 시작했다. 바로 협업이었다.

공방시와저, 젓가락으로 한국문화를 말하다

✕

엔젤공방 거리의 또 다른 기업인 공방시와저는 젓가락을 직접 만들어 볼 수 있는 공방이다. 강동역에서 멀지 않은 곳에 위치해 있다. 강동구청에서 조성한 공방 거리의 엔젤공방 중 하나다. 이곳에서는 젓가락을 만든다. 젓가락만 만드는 것이 아니라 우리나라의 전통문화를 살리고, 전달하고, 홍보하는 공간이기도 하다. 엔젤워크숍은 바로 이런 공방문화가 현대에 맞게 새롭게 탄생하는 공간이다.

유 대표는 젓가락을 그냥 밥 먹는 도구가 아니라 문화라고 생각한다. "여러 일을 하다가 우연히 젓가락에 매력을 느꼈습니다. 알면 알수록 사람에게 중요한 부분이라는 생각이 들더군요. 예전에는 조부모님이나 부모님과 같이 식구들이 모두 모여서 밥 먹는 시간이 많았습니다. 자연스럽게 밥상머리에서 예의라든지, 아시아의 전통적인 정신세계, 마음가짐, 몸가짐 등을 편안하게 물려받았겠죠. 하지만 요즘에는 가족들이 모두 모여 식사할 시간도 많지 않고, 각자 뿔뿔이 흩어져서 제대로 선조들의 지식을 물려받을 기회가 없다고 느껴집니다." 젓가락을 통해 밥상머리 교육의 중요성을 강조하는 유 대표다.

"젓가락은 단지 밥을 먹기 위한 도구가 아니라 많은 이야기를 전달받을 수 있고, 지식을 배울 수 있고, 몸과 마음을 다듬을 수 있는 좋은 매개체라고 생각합니다. 처음에는 몰랐지만 이를 깨닫는 순간에 '누군가는 시작해야 하는 일이구나'라는 생각이 들었고 그래서 도전하게 되었습니다." 그가 젓가락 공방을 연 이유다.

한국을 알리는 대표 문화상품, 젓가락

×

유 대표는 인사동에서는 한국 작가들의 공예품을 주문해서 제작하거나 상품을 유통하기도 하고, 관공서에 추천서도 넣고, 한국을 외국에알리는 포장도 하는 등 공예품 생산·유통·마케팅 관련 일들을 해왔다. 자연스럽게 젓가락이 우리나라를 대표하는 홍보상품이 될 수 있을것이라고 생각했다. "외국 사람들의 경우 젓가락을 이용해서 식사하는사람이 많지 않겠지만 아시아 쪽에서는 남녀노소 구분 없이, 그리고직업 귀천 없이 누구라도 쓸 수 있는 게 젓가락과 숟가락이란 생각이들었습니다. 아시아의 특성을 잘 보여줄 수 있는 선물로 외국인한테도좋을 것이란 생각이었죠." 젓가락은 외국에 나갈 때 깨지지 않고, 부피가 무겁거나 크지 않아 좋다. 또한 실제로 사용할 수도 있고, 놓고 구경할 수도 있어 누구에게나 적합한 선물이라는 것이다.

"중국이나 일본은 지역마다 지역문화상품으로 젓가락 선물용품이 많이 개발되어 있습니다. 포장도 예뻐서 일본 가서 젓가락을 기념품으로 사왔다는 분들도 참 많습니다. 중국도 도시마다 웬만하면 젓가락 전문매장이 있습니다. 상하이면 상하이 로고가 찍혀 있는 기념 젓가락을 파는 곳도 많죠. 하지만 한국은 아직 젓가락 전문공방이 많지 않은 편입니다. 앞으로 공방시와저에서 많이 보고 느끼면 좋겠습니다."

그런데 유 대표는 왜 젓가락 공방까지 만들 생각을 했을까? "단지남이 만들거나 공장에서 찍어낸 상품을 떼다가 판매하는 일을 하고싶지 않았습니다. 공방을 통해서 독특한 상품이나 작품을 만들어 개발해보고 싶은 것도 있었고, 공방에서 만드는 모습을 실제로 보여주면서 같이 교육을 하면 다양한 사람들과 공감할 수 있는 장소가 될 수 있을 것이라는 믿음이 있었습니다."

문화 교류의 통로, 젓가락을 생각하다

×

유 대표의 노력으로 젓가락 축제까지 생겼다고 한다. 젓가락 페스티벌은 2015년에 처음으로 시작한 축제다. 충북 청주에서 한국·중국·일본 문화부 장관들이 한중일 문화를 서로 교류하자는 의미로 행사를 기획하면서 젓가락 축제를 청주에서 시작하게 됐다.

"청주에서 문화를 서로 교류하자는 콘셉트를 정했는데 무엇을 가지고 한중일이 통일을 시킬 수 있을까 공유하다가 젓가락 문화가 나왔습니다. 여기에서 젓가락 페스티벌이 시작하게 되었습니다. 젓가락이 한국·중국·일본을 대표하는 식사 도구이긴 하지만 그 나라의 문화와 역사, 그리고 즐겨 먹는 음식이나 요리법에 따라 굉장히 개성 있게 세 나라에서 발전했습니다. 그래서 그것을 한자리에서 1년에 한 번씩 작품도 보여주고, 실제 상품이 유통되고 있는 과정도 서로 문의하고, 젓가락에 담겨 있는 여러 가지 아시아 문화나 역사를 잊어버리지 않도록 논문을 계속 발표하면서, 책으로 기록을 남기고 있습니다." 젓가락 축제는 매년 11월 11일에 열리는데, 유 대표도 적극적으로 참여하고 있다고 했다. 빼빼로데이가 아니라 젓가락데이로 계속 홍보한다고 한다.

젓가락 공방을 내고 젓가락을 만들어보고 그 속에 숨겨져 있는 역사 이야기나 예절과 같은 깊이 있는 이야기를 교육하고 하는 곳은 아마도 공방시와저밖에는 없을 것이다. 공방시와저는 차별화에서는 확실하게 성공한 것으로 보인다.

협업기업들과 함께 "이제는 할 수 있을 것 같아"

×

유 대표는 외국 사람들로부터 이런 말을 듣고 싶어 한다. "나 서울 가서 서울 젓가락 사왔어." "제주도에 갔더니 제주도 기념 젓가락이 있었어." 하지만 젓가락이라고 하는 아이템 자체가 아직 국민들에게 명확하게 인식이 되어 있는 상황이 아니기 때문에 일단 많은 사람들에게 제대로 된 정보를 알리는 것을 목적으로 하고 있다.

젓가락 공방을 시작한 것에 대해서는 "처음 시도한 업종이기도 하고 그래서 좀 낯설기도 하지만 어떻게 보면 그게 장점이 될 수도 있고, 단점이 될 수도 있습니다."라며 다소 불안할 수밖에 없는 마음도 솔직하게 드러냈지만 또 "홍보에 대한 기본지식도 없고, 홍보도 전혀 안 되어 있는 상태에서 혼자 뛰면서 이렇게 한다는 게 시간이 오래 걸리고 쉽지는 않지만, 다른 사람이 안 했던 일이기 때문에 관심이 집중될 수 있을 것이라고 생각합니다."라며 기대를 나타냈다.

처음에 사업을 시작하면서 어떻게 해야 할까 막막하기만 했다던

유 대표는 "이제는 같은 처지의 공방 사장님들과 함께하며 어떻게 해야 할지 방향을 잡을 수 있게 되었습니다."라고 말한다. 그러면서 "소상공인들은 협업을 통해 어려움을 극복할 수 있다는 것을 알게 되었습니다."라고 하며 협업의 중요성을 강조했다.

강동 엔젤워크숍에 입점해 있는 초보 사장님들은 디지털 시대에 아날로그에 대한 추억을 간직한 사람들이 공방을 찾아 체험하고자 하는 수요가 크게 늘어날 것으로 기대하고 있다. 디지털에 지친 사람들이 감성과 추억을 찾아 공방을 찾을 것이라는 기대다. 모두가 초보이지만 공방이기에 함께할 수 있고 협력할 수 있다는 것을 알아가기 시작하는 엔젤공방 사장님들은 협업으로 살아가는 법을 배우고 있다.

포장·인쇄, 사양산업이라고요?
함께하면 비전이 생깁니다

대한민국 포장패키지 대표 시장을 찾으라면 바로 방산시장이다. ○○ 고주파, △△고주파 등의 간판이 여기저기 보인다. '고주파? 통신회사들이 모여 있는 곳인가?'라는 생각이 들게 한다. 그런데 이곳에 있는 업체들은 통신사가 아니라 포장패키지업체들이다. 고주파기를 이용해 순간적으로 높은 열을 만들어 비닐 등을 절단하고 붙여 지퍼백 등을 만든다.

제조·판매·유통이 한곳에, 협업 최적의 조건

×

방산시장은 시장이기에 다양한 상품을 전시해 판매한다. 그런데 특이한 것은 판매장 근처에 제조업체들도 함께 있다는 것이다. 제조업체와 유통 판매점이 함께 있다는 것은 자르고 붙이고 만들고 하는 소비자의 요구를 바로 반영할 수 있다는 이야기다.

이런 조건들은 협업을 하기에는 최적의 조건이다. 우선 방산시장에 모두 몰려 있으니 거리가 가깝다는 장점이 있다. 이미 업무와 관련해 안면도 있고 실제로 협업이라는 인식은 없어도 함께 일하고 있는 경우가 많다. 여기에 '함께'라는 협업의 개념으로 뭉치기만 하면 되는 것이다. 일 끝나고 삼겹살에 소주 한잔하며, 함께하면 서로에게 도움이 되는 일이 없을까 자연스럽게 이야기하는 것에서부터 협업은 시작된다.

그런데 여기에 계기가 있으면 더 좋다. 바로 이런 필요성이 있을 때 서울신용보증재단에서 하는 협업 지원사업을 알게 되었다. 3명의 자영업자가 함께하면 설비를 지원해준다는데 마다할 이유가 없었다. 이렇게 의기투합해 유현상사를 중심으로 협업이 시작되었다. 지리적으로도 가깝고 하는 업무의 연관성까지 협업을 위해서는 최적이었다. 지원을 받고 본격적으로 협업을 함께했다.

협업체로서 협업하는 것에서 나아가 사업자협동조합을 만들어 법적 보호를 받는 협업도 시도하고 있다. 방산시장포장인쇄협동조합은 이렇게 탄생했다.

협업, 실질적인 매출증대에 기여하다

×

협업을 시작하고 처음으로 함께한 것이 공동 마케팅이다. 혼자 있을 때는 방산시장을 찾아오는 고객들을 응대하는 것에 만족했는데 협업을 하다 보니 함께 홍보를 할 수도 있게 된 것이다. 직접 소비자를 대상으로 하는 마케팅보다 기업을 상대로 한 홍보는 주문 한 건의 규모가 크다. 그렇기 때문에 효과가 오히려 더 크다는 생각을 가능하게 한 것도 공동 마케팅의 힘이었다. 심지어 부산에서까지 주문이 들어올 정도였으며, 방산시장 내 업소에서도 새로운 거래처가 발굴되기도 했다.

기업과 기업 간의 거래(B2B)에서는 블로그 마케팅의 효과가 크지 않을 것이라는 생각이 일반적이다. 그러나 꼭 그렇지만은 않다는 것을 유현상사가 보여주었다. 비닐, 장판 등 가정에서 사용되는 대부분의 인테리어 용품을 파는 방산시장에는 절단 수요가 풍부하다. 유현상사는 이런 수요에 맞춰서 무엇이든지 재단해주는 사업을 하고 있다. 즉 직접 소비자를 상대하는 것이 아니라 무수히 많은 업소들의 요구에 부응한 사업이라는 것이다.

그런데 이러한 사업에 우연한 변화, 그러니까 블로그로 홍보를 하면서부터 주문이 급격히 늘어났다. 유현상사의 유 대표도 이러한 결과가 일어날 것이라고 예측하지 못했다. 인근의 대부분 업소들이 문을 닫고 쉬는 토요일에도 업소에 나와 기계를 가동해야 할 만큼 주문이 몰려들었다.

유현상사는 무엇이든지 잘라준다는 것을 신조로 삼고 있다. 비닐,

장판, 종이 등은 물론이고, 냉장고 등에 붙이는 자석판도 일정한 크기로 잘라준다. 이익이 크게 남지 않고 번거로워 다른 업소에서 마다하는 것들도 모두 잘라주다 보니 주문이 많이 들어오는 것은 당연하다. "자석판을 자르다 보면 칼날이 돌아갈 정도로 충격을 받습니다. 칼날의 이가 나갈 정도지만 그렇게 수익이 많이 남지 않습니다. 그러다 보니 대부분 절단업소에서는 주문을 받지 않습니다. 그렇지만 우리는 받습니다. 칼날이 돌아가면 다시 맞추면 되고, 이가 나가면 갈면 되니까요." 유 대표의 말이다.

"한번은 복지시설에서 필요한 책상 위에 까는 판을 재단해달라고 해서 원가만 받고 해주었습니다. 좋은 일은 마다하지 않고 해주려고 합니다." 유 대표의 말처럼 유현상사는 단지 이익만을 위한 기업이 아니다.

"불황이라고요? 남들이 하지 않는 일을 찾아보세요."

×

유 대표는 젊은 청년 기업인이다. 방산시장에서 칼날이 있는 위험한 장비를 다루는 일은 그야말로 3D업종이라고 할 수 있다. 그렇지만 유 대표는 토요일도 마다하지 않고 나와서 열심히 일한다. 흔히 말하는 요즘 청년 같지 않은 청년이다. 거대한 칼날을 통해 일정한 크기로 나온 제품을 정리해 쌓아놓는 솜씨가 예사롭지 않다.

"요즘 불황이라고 말하는데 다른 사람들이 하지 않으려고 하는 일을 살펴보면 돈을 벌 수 있는 일은 참 많습니다. 내 입맛에 맞는 일만 하려고 하면 일이 없습니다. 저는 남들이 싫어하는 일이라도 성실하게 해주었고 그러다 보니 주문이 밀려들었습니다. 이 불황에 주말에도 할 일이 있다는 것은 오히려 행복하다고 할 수 있습니다."

유현상사는 서울신용보증재단에서 추진하는 협업화 사업에 참여하면서 일의 가속도가 붙기 시작했다. 전반적으로 매출이 감소하는 재래시장인 방산시장에서 재단과 관련된 동종업체들이 함께 살아남기 위해 힘을 모아야 할 필요성이 커지고 있었고, 협업은 선택이 아닌 필수였다. 이렇게 모인 협업체가 성과를 낼 수 있어 이들은 더욱 결과에 만족하고 있다. 이 협업체 구성원들은 방산시장이라는 공간적인 공통점을 바탕으로 만들어졌다. 유현상사를 중심으로 잘라야 할 것이 있는 업소들이 협업체에 참여했다.

협업화 공동 시설로 '무엇이든 잘라드립니다'

×

남들이 피하는 소재까지 잘라주기 위해서는 신형 재단시설이 필요했다. 정교하고 다양한 크기로 자르기 위해서는 손이 많이 가는 구형 시설보다는 신형 장비가 더 효과적이다. 시설이 필요하기는 하지만 자영업자가 시설을 새롭게 설치하기에는 어려움이 많다. 이 시설이 들어오면 공동으로 이용할 수 있는 제품이라는 필요성 때문에 공동 시설을 갖추면 될 것으로 판단했다. 필요성은 있으나 시설을 갖추기는 여의치가 않았다. 이러한 때에 협업화 사업은 돌파구가 되기에 충분했다. 협업체를 구성하고 사업신청을 했으며 공동 시설을 지원받을 수 있었다. 이렇게 공동 시설이 들어오자 이제는 자신 있게 무엇이든지 잘라준다는 홍보를 강화할 수가 있었다. 이게 정확하게 먹혔다.

거기에 블로그를 통한 홍보는 사업에 날개를 달아주었다. 특히 서울신용보증재단에서 지원한 블로그 마케팅이 매출에 큰 도움이 되었다. 이 사례를 통해서 기업과 기업 간의 사업에서도 블로그 마케팅이 효과가 있으며, 그 효과가 오히려 더 클 수도 있음을 알 수 있다. 직접 소비자들을 상대로 하지 않는 기업들은 기존 거래선을 확보하고 있고 고객의 수도 제한적이라는 생각에 바이럴 마케팅에 소극적인 경우가 많다. 그렇지만 유현상사는 블로그 마케팅으로 가까이에 있는 방산시장에서도 새로운 고객을 찾았다. '불황이다' '사업이 잘 안 된다'는 등의 이유로 그저 한숨만 쉴 것이 아니라 적극적으로 거래처를 찾기 위해 홍보하고 알리는 일을 지속하면 좋은 결과를 얻을 수 있다는 것을 이 업체는 보여주었다.

협업화 사업, 협동조합으로 결실을 맺다

×

이 협업체는 단지 협업체로서 그치는 것이 아니라 공동 사업을 더 제대로 추진하기 위해 협동조합으로의 전환을 추진했다. 협업화 사업의 목적이 공동으로 협업을 진행하면서 얻은 경험을 바탕으로 공동 사업

조직인 협동조합으로 발전을 추진하는 것이다. 이러한 사업 목적에 충실하게 이행한 협업체가 유한상사 협업체다. 이렇게 해서 만들어진 협동조합 사무실은 방산시장 내에 마련했다. 이로써 임시조직이 아닌 항구적인 조직으로서 협업을 추진할 수 있게 되었다.

"협업을 통해서 우리는 희망을 보았습니다. 새로운 계획을 세울 수 있었습니다. 앞으로도 협업을 통해 공동 구매, 공동 생산, 공동 유통을 실현해 매출을 증대해나갈 것입니다. 아울러 공동 브랜드를 만들어 협업정신을 실현하도록 노력할 계획입니다."

유 대표는 협업을 하다 보니 새로운 목적과 계획이 만들어지고 새로운 희망을 가질 수 있게 되었다고 협업화 사업의 효과를 긍정적으로 평가했다. "힘들다고 주저앉아 있지 말고 주변에 힘들어하는 동종 업체와 함께할 방법을 강구하다 보면 새로운 돌파구를 찾을 수 있습니다. 서울신용보증재단과 같이 자영업자를 지원하는 협업화 사업과 같은 좋은 제도도 잘 활용하면 정말 큰 도움이 됩니다. 먼저 해본 입장에서 이 사업에 참여해 새로운 희망을 찾는 자영업자들이 늘었으면 합니다. 당연히 이 사업에 참여하기를 추천합니다."

혼자서는 시도하지 못하는 일도 함께하니 가능

✕

에코백은 친환경적인 삶, 즉 에코라이프의 상징이다. 하지만 어느 순간부터 에코백도 대량 생산을 통한 무한 가격경쟁 체제로 들어갔다.

문제는 이런 과정에서 획일적인 디자인으로 개인의 개성을 표현하는 데 한계에 도달했다는 것이다. 단 하나뿐인 나만의 개성을 표현할 수는 없을까? 에코백은 편리한 생활용품이기도 하지만 나를 표현하는 패션의 일부이기 때문이다.

이러한 요구를 해결하기 위해 국내 최대 포장패키지 시장이자 대표 시장인 방산시장에 있는 주윤패키지라는 회사를 찾았다. 바로 에코백을 단 한 장이라도 인쇄할 수 있는 곳이다. 이 회사에서 소량 인쇄가 가능한 이유는 에코백이나 옷 등 섬유에 바로 인쇄가 가능한 인쇄기를 확보하고 있기 때문이다. 이 업체는 서울신용보증재단의 자영업 협업기업에 선정되어 협업시설로 에코백을 제작할 수 있는 인쇄기를 지원받았다. 혼자서는 엄두도 내기 힘든 일을 협업을 통해 함께하니 가능해진 것이다.

에코백은 패션의 일부이고, 개성을 표현하는 주요한 액세서리다. 그러다 보니 에코백을 직접 디자인하고 출력하고자 하는 트렌드가 생겨났다. 그런데 스스로 에코백을 출력하는 것은 일반 프린터로는 불가능하다. 섬유나 천을 잘못 집어넣으면 잘못하면 프린터가 고장 나기 때문이다.

에코백을 소량으로 제작해 홍보에 이용하는 방법도 있다. 적절한 디자인과 홍보문구를 넣은 에코백을 직원이나 손님들이 들고 다닌다면 움직이는 홍보물이 될 수 있다. 그러나 처음부터 1천 장 이상을 인쇄했다가 낭패를 볼 수도 있다. 이럴 때 우선 제품 디자인 개발을 위해 소량의 샘플을 제작해 방산시장에 있는 평판인쇄업자와 상의하면 방법이 나올 것이다. 한 장 인쇄하는 데 2만 원 정도면 가능하다.

신 사장은 "요즘 개성을 뚜렷하게 드러내는 시대라서 그런지 에코 백을 한 장이라도 인쇄하려는 수요가 있습니다. 학생들의 경우 과제를 제출하기 위해 방문하기도 합니다. 앞으로 인쇄기를 이용해 생산할 수 있는 판촉용품을 개발할 생각입니다."라고 포부를 밝혔다.

"쉴 새 없이 일해도 물량 맞추기 힘들 정도"

×

지퍼백은 다양한 용도로 사용된다. PVC재질로 투명하게 만들어 내용물이 무엇인지 확인할 수 있다. PCV백 겉면에 상품에 대한 정보나 이미지, 글 등을 인쇄할 수 있어 홍보에도 활용할 수 있다. 방산시장 내에서 수십 년간 지퍼백을 제작·제조해온 신영고주파도 협업으로 새로운 희망을 찾은 기업이다.

지퍼백을 만들기 위해서는 투명한 PVC를 규격에 맞게 디자인해 인쇄한다. 다음으로 철형을 제작해 크기에 맞게 접착해주면 지퍼백이 만들어진다. 이때 사용되는 장비의 이름이 고주파기다. 고주파기는 순간적으로 열을 내어 PVC를 절단하거나 접착시켜 의류택, 지퍼백, 파우치 등을 제작할 때 사용하는 기계다. 그래서 회사 뒤에 '고주파'라는 이름이 붙으면 투명한 백을 만드는 회사라고 판단해도 된다. 이 고주파기 장비로 의류택이나 상표에 부착되는 택을 만들 수도 있다. 상표 정보를 담는 것이다.

지퍼백을 만드는 전 과정은 모두 수작업으로 이루어진다. 그렇기 때문에 가격도 약간 비싸다. 또한 제품의 질도 숙련도에 따라 차이가 날 수 있다. 지퍼팩을 제작 주문할 때 오랜 전통과 경험 숙련도를 살펴보고 의뢰해야 하는 이유다.

포장에 대해 알아보고 싶으면 방산시장에 가면 된다. 직접 발품을 팔아도 되지만 요즘은 전화도 발달되어 있으니 전화로 제품을 상담해 제작을 의뢰할 수도 있을 것이다. 회사는 서울에 있지만 전국 어디서나 주문할 수 있다. 택배를 이용할 수 있기 때문이다.

신영고주파 심 대표는 "형님의 일을 도우면서 일을 배웠고 직접 운영한 것까지 모두 합하면 경력이 30여 년 가까이 되어갑니다. 그래서 단골도 있지만 최근에는 블로그 등 SNS 홍보가 큰 도움이 되고 있습니다. 대부분의 작업이 수작업이기 때문에 좋은 제품이 나오기 위해서는 일에 숙련되어 있어야 합니다. 고주파기를 다루다 보면 손을 다칠 때도 있지만 보다 좋은 제품을 만들기 위해 최선을 다하고 있습니다." 라고 말했다.

자영업자들이 협업을 통해 공동 시설을 갖추고, 공동으로 시설을 이용하다 보니 비용도 절감되고, 주문도 늘어났다. 그리고 궁극적으로는 무엇을 어떻게 하면 될 것인가에 대한 방향까지 잡았다는 유현상사와 그 협업체들은, 이제는 협동조합을 통한 협업사업을 더 확대해가고 있다.

동네 빵집이 모여 만든
공동 브랜드 '디어블랑제'

대기업 프랜차이즈 빵집이 골목에까지 침투하면서 점점 동네 빵집이 살아남기 어려워지고 있다. 자본력과 브랜드 파워로 밀고 들어오는 기업형 프랜차이즈 빵집을 영세 자영업 빵집이 대항하는 것은 매우 어려워 보인다. 프랜차이즈 빵집이 침투하는 시장의 상황을 어떻게 극복할 수 있을까? 쌍문역에서 제과점을 운영하던 '함스브로트'의 함 대표는 협업을 통해 해답을 마련했다.

공동 생산시설로 몸에 좋은 빵을 만들다

×

함 대표는 제8대 대한민국 제과명장으로 쌍문역에서 함스브로트 제과점을 운영하고 있다. 함 대표는 지역 내 동네 빵집들이 어려움을 겪고 있는 상황을 보고 이들과 함께 문제를 해결해나가는 방법이 없을지 같이 고민하고 싶었다. 그러던 차에 서울신용보증재단에서 진행하는 자영업 협업화 지원사업을 알게 되었다. 대기업 프랜차이즈 빵집의 상권잠식으로 설 자리를 잃어가는 소규모 빵집들이 모여 공동 브랜드를 만들고 시설을 함께 이용한다면 큰 도움이 될 것이라는 생각이 들었다. 함 대표는 함께할 빵집들을 모으기 시작했고 어려운 상황을 공감하던 7개 빵집이 모였다.

협업체 대표들이 모여 논의를 거듭한 끝에 빵을 굽는 데 꼭 필요한 효모 발효시설을 신청하기로 했다. 효모를 저온숙성 발효시켜 빵을 구워내면 향과 맛이 좋고, 무엇보다 소화가 잘된다. 하지만 고가의 발효시설을 개별업소가 갖추는 것은 불가능에 가깝다. 빵집 협업체는 서울신용보증재단의 지원을 통해서 협업화 사업 공동 생산센터를 개소하고 이곳에 시설을 갖추게 되었다.

프랜차이즈와 맞서는 공동 브랜드

×

공동 생산시설을 통해 좀 더 효율적으로 맛있는 빵을 만들 수 있게 되었으나 소비자에게 다가가는 데는 한계가 있었다. 협업에 참여한 대표자들이 모여 이 문제를 함께 논의하고 공동 브랜드를 만들자는 데 의견을 모았다. 그래서 탄생한 것이 동네 빵집 공동 브랜드 '디어블랑제'다. 각 빵집들은 디어블랑제 간판을 달고 천연효모 발효빵을 함께 적극적으로 홍보하기 시작했다.

디어블랑제 브랜드를 알리기 위해 서울신용보증재단의 도움을 받아 특별한 이벤트도 마련했다. 빵을 만드는 전 과정을 손님들과 함께 체험하면서 디어블랑제의 빵이 왜 건강하고 맛있는 빵인지를 느낄 수 있도록 했다. 사람들의 반응은 폭발적이었다. 2014년에는 노원구청장이, 2015년에는 노원구청장과 서울시장이 행사에 참여했다.

다양한 홍보 마케팅 노력을 통해 디어블랑제 브랜드와 스토리가 알려지면서 소비자들도 협업의 취지에 공감하기 시작했다. 대형 프랜차이즈 브랜드에 대항할 수 있는 특별한 협업스토리로 소비자들의 마음을 사로잡은 것이다. 디어블랑제는 동네 빵집이 모여 기술과 노하우를 공유하고 협업하는 대표적인 성공사례로 남게 되었다.

협업의 위기를 새로운 아이디어로 극복하다

×

디어블랑제의 협업활동이 탄탄대로만 걸었던 것은 아니다. 경험이 부족하다 보니 여러 문제에 봉착했다. 처음에 의기투합해 7개 업체가 모였지만 공동 구매, 공동 관리, 공동 시설 이용 등 사소한 문제로 협업체가 이탈하는 위기까지 생겨났다. 작은 문제임에도 불구하고 업체 간 합의점을 찾기 어려웠던 것이다.

공동 시설을 구축했으나 실제로 운영하다 보니 몇 가지 문제가 드러나기도 했다. 동네 빵집들이 대부분 혼자 소규모로 운영하는 경우가 많아 가게를 비우고 공동 센터를 이용하기 어려웠던 것이다. 탄탄한 기반시설이 마련되어 있는 데도 무용지물이었던 셈이다. 시설을 적극적으로 활용할 수 있는 환경을 어떻게 만들지가 디어블랑제의 최대 고민거리가 되었다.

이런 문제를 해결하기 위해 디어블랑제는 서울신용보증재단에 추가 지원을 요청해 냉동차량을 구입했다. 협업시설에서 만든 반죽을 각 협업체에 배송해주는 시스템을 구축하기 위해서였다. 자체 배송 시스템이 구축되니 보다 신속하게 공동 센터에서 만든 제품을 각 협업체에 배송할 수 있게 되었다. 각 업체들이 협업시설을 적극 활용할 수 있도록 그 기반이 마련된 것이다.

배송시스템을 갖추면서 가장 좋아진 점은 빵 만드는 시간이 절약되었다는 것이다. 빵은 반죽을 해서 나오기까지 최소 3시간 이상이 걸린다. 협업시설을 이용하면 냉동 반죽을 해동시켜 빵을 만들기만 하면 되기 때문에 이 시간을 다른 생산적인 일에 활용할 수 있다. 기존에 10가지 품목을 만들 수 있었다면 이렇게 절약한 시간으로 2가지 종류의 빵을 더 만들어 내놓을 여유가 생긴 것이다.

프랜차이즈 빵집은 아침에 문을 열자마자 페스츄리 제품이 세팅되어 있는데 동네 빵집은 아침에 반죽을 직접 하면 빵이 늦게 나오니 경쟁에서 밀릴 수밖에 없었다. 이제는 냉동 반죽을 배송받을 수 있어 신선한 빵을 만들면서도 신속하게 경쟁할 수 있는 기반이 생겼다. 디어블랑제의 페스츄리 제품은 소비자들에게도 맛있다는 소문이 퍼져 꾸준한 인기를 얻고 있다.

다양한 홍보 마케팅 노력을 통해 디어블랑제 브랜드와 스토리가
알려지면서 소비자들도 협업의 취지에 공감하기 시작했다.

참가업체 늘려 활기를 띠는 협업사업

×

기존에 협업사업을 시작했던 7개 업체 외에 대한제과협회 노원구와 도봉구 지회가 합쳐지면서 협업시설 운영은 더욱 활성화되었다. 샘플로 공유한 발효 효모종에 대한 반응이 좋아 협업시설을 함께 사용하고자 하는 빵집들이 늘어났다. 협업에 참여하는 업체가 많아지면서 공동 센터 유지도 훨씬 수월해졌다.

추가로 협업에 참여하는 업체들이 늘어나면서 디어블랑제 브랜드를 활용한 케이크박스 주문 제작, 재료 공동 구매 등도 진행하게 되었다. 작은 빵집에서는 케이크박스 하나도 제작하기 어렵다. 기본 제작 수량이 많기 때문이다. 여러 업체가 뭉치면 소모품도 대량으로 주문이 가능해지고 구입비용을 절약할 수 있다. 재료 공동 구매도 기존에는 참여하는 업체가 적어 협의가 어려웠는데 이제는 구매력을 갖춘 상태에서 공급업체들과 유리한 협상이 가능해졌다.

냉동차량을 보유하게 되면서 디어블랑제의 반죽을 협업체뿐 아니라 다른 인근 지역까지 공급하는 일도 가능해졌다. 협업화로 여러 외부 홍보 행사와 마케팅을 진행하면서 발효종에 대한 소비자들의 인식 수준이 높아지자 다른 동네 빵집들에서도 필요성을 느끼기 시작했다. 빵도 맛있고 소화가 잘된다는 입소문이 퍼지면서 효모 빵의 가능성에 대해 인식하고 적극적으로 참여하려는 빵집들이 많아졌다. 공동 생산 센터에서 제작하는 반죽을 이런 빵집들에 제공함으로써 새로운 부가 가치를 만드는 사업모델을 생각할 수 있게 되었다.

공동체가 잘되면 개인도 잘된다

✕

함 대표는 협업사업이 쉽지만은 않다고 말한다. 개성이 강한 업체들을 한데 모으고 이끌어가야 하기 때문이다. 협업사업이 무리 없이 지속되려면 공동체가 잘될 때 개인도 당연히 잘된다는 마음가짐을 가져야 한다는 것이 그의 조언이다. 디어블랑제도 이런저런 우여곡절이 있었지만 협업공동체를 생각하는 마음가짐이 바탕이 깔려 성공적인 결과를 이끌어낼 수 있었다.

디어블랑제의 사례는 동네 빵집들이 모인 대표적인 협업사례로 홍보가 되면서 많은 응원을 받았다. 지금은 각 협업 빵집 대표들이 적극적으로 협업사업에 의견을 제시하고 있다. 이제는 진행을 요청하는 사업이 많아 일이 밀려 있을 정도라고 한다. 이런 참여를 기반으로 공동브랜드를 키우고 협동조합까지 무리 없이 진출하는 것이 디어블랑제의 다음 목표다.

협업에서 협동조합까지,
공동 설비로 뭉친 주얼리 디자인 기업들

서울 종로3가 근처에는 귀금속 패션주얼리타운이 형성되어 있다. 대로변은 소매상, 이면도로는 도매상, 배후에는 디자인 및 세공업체가 빼곡하게 들어서 있는 국내 제일의 주얼리타운이다. 주얼리 관련 업체가 모두 모여 있는 만큼 업체 간 경쟁도 치열하다. 그럼에도 불구하고 비슷한 업종이 함께 협업을 이룸으로써 자연스럽게 공동 성장의 발판을 만들 수 있는 가능성의 공간이기도 하다.

디자인오투(O2)는 이곳에서 귀금속 및 패션주얼리 디자인을 개발하고 제품을 생산해 판매한다. 디자인오투 최 대표를 주축으로 종로의 주얼리 제조업체들이 모여 협업을 진행하고 현재는 협동조합까지 설립해 협업을 확장해나가고 있다. 주얼리업체들이 어떤 방식으로 협업을 이루어나갔는지 알아보자.

시제품 제작을 위한 공동 설비를 마련하다

×

주얼리 디자인은 보석의 부가가치와 시장의 반응을 결정하는 가장 중요한 요소다. 디자인이 제대로 되지 않으면 고가의 보석원료가 손실될 뿐 아니라 제품이 재고로 남아 큰 손해를 볼 수밖에 없다. 또 주얼리 시장은 디자인에 굉장히 민감하고 트렌드가 빠르게 바뀌는 분야 중하나다. 디자인 트렌드에 맞춰 작업을 진행하려면 시제품 제작이 원활하게 진행되어야 한다. 비싼 보석원료에 바로 디자인을 테스트할 수는 없기 때문에 시제품을 통해 디자인을 미리 확인해보는 것이다. 디자인하고 여러 시제품을 제작하다 보면 디자인의 완성도도 높아지고 시장이 원하는 제품을 선보일 가능성도 커진다.

문제는 소규모 주얼리 제조업체의 경우 시제품 제작에 대한 부담이 매우 크다는 것이다. 디자인오투도 시제품 제작을 외주에 의존해야했기 때문에 고민이 많았다. 외주제작에 걸리는 시간과 비용을 매번 고스란히 부담해야 했기 때문이다.

최근 시제품 제작의 어려움을 해소할 수 있는 시설로 쾌속조형기(3D프린터)가 대안으로 등장했다. 하지만 고가의 장비인 만큼 최 대표도 투자를 쉽게 결정할 수 없었다. 매출에 직접적인 도움이 되는지 확신하기 어려웠기 때문이다. 결정에 도움을 준 것은 서울시 자영업 협업화 지원사업이었다. 3개 업체가 모이면 공동 사용시설을 지원받을수 있다는 이야기에 최 대표는 기존에 거래하던 제조업체 대표들을모아 지원사업에 참여했다.

원가절감부터 매출상승까지, 협업설비로 이룬 쾌거

×

쾌속조형기로 시제품 자체 제작이 가능해지자 외주비용이 현저하게 줄어들었다. 이로 인한 원가절감은 매출상승만큼이나 기쁜 일이었다. 비용뿐 아니라 시제품 제작 시간도 반으로 줄어들었다. 외주작업을 맡긴 뒤 찾으러 오고 가는 시간을 절약할 수 있었기 때문이다. 기계를 자체적으로 보유하고 있다 보니 기다리지 않고 바로바로 시제품을 만들 수 있어 신속한 작업이 가능해졌다.

시제품 제작 시간이 줄어들었다는 것은 그만큼 주얼리 디자인 트렌드에 발 빠르게 대응할 수 있는 능력이 생긴 것이다. 업계의 요구에 맞춰 유연하게 대처할 수 있으니 협업 참여업체의 매출은 자연스럽게 상승세를 탔다. 매출이 크게 늘어난 곳은 직원을 새로 뽑을 정도로 일거리가 늘어났다.

쾌속조형기는 작업물의 오차도 적어 정교하고 품질 좋은 제품을 납품하는 데도 도움을 주고 있다. 주얼리 디자인은 고유 작업물인데 외주작업을 하다 보면 이런 아이디어가 유출될 위험부담도 있었다. 이제는 아이디어가 유출될 걱정도 덜었다. 세 업체가 힘을 모아 마련한 쾌속조형기는 원가절감, 시간절약, 제품품질 보완까지 여러 면에서 큰 역할을 해내고 있다.

스스로 성장하기 위해 협동조합을 만들다

✕

이들의 협업화 사업은 여기서 끝이 아니다. 기존 협업화 사업에 참가했던 네 업체에 한 업체가 추가로 모여 협동조합을 결성하고 '스타잼'이라는 공동 브랜드를 만들었다. 서울신용보증재단에서 협업화 사업으로 주얼리 제작과 관련한 기계를 지원받았던 두 팀이 자연스럽게 모이게 된 것이다.

한 협업체는 주얼리 샘플을 제작하는 쾌속조형기를 보유하고 있었고 다른 협업체는 주얼리에 이니셜을 각인할 수 있는 레이저금속조각기를 보유하고 있었다. 자연스럽게 각 협업팀에서 보유한 기계를 교류하고 공동 사용하면 어떨까 하는 아이디어로 협업이 확장되었다. 각각 다른 기계를 보유하다 보니 주얼리 작업의 폭도 넓어지고 비용 지출도 더 줄일 수 있을 것으로 생각했다. 실제로 협업 지원사업으로 마련한 기계를 두 팀이 교류해 사용하면서 외주제작 시 소모되는 비용을 추가로 절감할 수 있었다.

무엇보다 기계를 서로 공동으로 사용하다 보니 업체 간 교류도 활발해졌다. 협업에 대한 기본 마인드를 공유하면서 신뢰 또한 생겨나기 시작했다. 공동 시설과 협업공동체를 기반으로 안정감을 가진 이들은 새로운 것에 도전하겠다는 욕심을 가질 수 있었다. 협동조합을 결성하기로 한 것이다.

협업이 구체적으로 실행되면서 두 협업체는 정부 지원을 받아 '서울주얼리디자인협동조합'을 만들었다. 협동조합을 통해서 '스타잼'이라는 브랜드도 론칭했다. 스타잼의 첫 작업은 카탈로그 제작이었다. 다섯 업체 모두 자기 이름으로 된 카탈로그를 처음 내보는 것으로 그동안 꿈만 꿔오던 일을 드디어 이루게 되었다. 협업을 경험해온 이들은 평소에는 꿈만 꾸고 생각만 해오던 일들이 협업을 통해 실현 가능한 일이 되고 있다고 말한다. 이게 이들이 생각하는 협업의 진짜 힘이다.

지속적인 협업을 위해 중요한 것은 배려와 신뢰

×

협업은 각기 다른 업체들이 모여 자신의 의견을 주장하고 이익을 챙겨야 하기 때문에 잡음이 발생할 여지도 많다. 그렇기 때문에 협업체 간 서로 개인적 욕심을 부리지 않고 조금씩 배려하는 마음을 가져야 하는 것은 기본 중의 기본이다. 협업을 지속적으로 이어가기 위해서는 협업체를 조율하고 관리하는 역할도 매우 중요하다.

협업화 사업에서 시작된 끈을 협동조합으로 엮어낸 데는 불협화음을 최소화하기 위한 최 대표의 노력도 컸다. 공동 설비의 경우에는 여러 업체가 기계를 함께 사용하는 것이다 보니 사용 시간이나 유지비 등을 공평하게 배분해야 한다. 작은 것이라도 공정하게 관리가 되어야 서로 믿고 다음 단계로 나아갈 수 있기 때문이다. 최 대표는 설비 사용이나 관리 내용을 일지에 꼼꼼하게 기록해 기계 사용의 형평성과 안정성을 모두 만족시켰다. 사용 내역이 그대로 기록되어 있으니 비용 배분의 근거가 투명해졌다. 공평한 비용 부담은 특별한 잡음 없이 협업이 유지되는 기반이 되었다.

협업체가 서로 배려하고 이해하는 기반을 다질 수 있었던 또 다른 이유는 잦은 왕래와 소통이다. 기계를 함께 사용하면서 서로 왕래도 잦아지고 그 덕분에 자연스럽게 소통이 늘어났다. 기존에 알고 지내 왔던 관계이기도 하지만 협업 과정에서 더 사이가 돈독해지고 신뢰가 쌓였다. 기계를 돌아가며 사용하기 때문에 운영비 정산이나 회의를 위해서도 정기적으로 모임을 했다. 그러다 보니 협업체들끼리 단합도 잘되기 시작했다. 이제는 무언가 하자고 제안하면 모두 믿고 협조를 잘해주기에 협업을 이끄는 최 대표 입장에서도 큰 힘이 된다.

협업을 이어가면서 경험이 쌓이다 보니 무언가를 함께 해나가는 방법도 자연스럽게 터득했다. 지금은 각 업체에서 제작한 제품들을 공유하고 판매도 같이 진행하고 있다. 협업기업 간에 서로 홍보를 해주다 보니 시너지 효과가 일어나는 것은 당연한 일이다.

협동조합의 앞으로의 목표는 그동안 정부지원을 기반으로 유지해 왔던 협업을 온전히 스스로의 힘으로 발전시키는 것이다. 정부지원을 통해 공동 브랜드 운영을 위한 기본적인 준비가 되어 있는 만큼 이후의 단계는 조금 더 수월할 것으로 보인다.

업체가 힘을 모아 마련한 쾌속조형기는
원가절감, 시간절약, 제품품질 보완까지 여러 면에서 큰 역할을 해내고 있다.

협업으로 매출 3배의 성장
인쇄출판단지 기업들

문래동의 센터플러스는 인쇄출판종합단지로 영등포 일대의 인쇄업체들이 입주해 있다. 인쇄출판 관련 업체들이 한곳에 모여 있는 만큼 서로 자연스러운 협업이 진행 중이기도 하다. 이곳에 입주해 있는 엠애드는 광고홍보학과 출신의 시각디자이너 목 대표가 이끄는 종합광고대행사다. 목 대표는 인쇄출판단지 내에서의 협업을 발전시켜 실질적인 매출향상이라는 성과까지 이루어냈다.

디자인부터 인쇄까지 실무 전부를 아우르다

목 대표의 경력은 일반 광고업계 출신들과는 조금 다르다. 인쇄·출판·광고의 가장 기본이라고 할 수 있는 인쇄업부터 일을 시작했기 때문이다. 일을 배우던 초기에는 거의 인쇄소에 살다시피 하며 3여 년간 집에도 들어가지 못하고 일을 배웠다. 그 덕분에 인쇄 종류부터 시작해 인쇄와 관련한 풍부한 지식을 쌓을 수 있었다. 인쇄부터 일을 시작해 이와 관련한 전문지식을 보유했다는 것은 광고디자인 전문가치고는 매우 특수한 이력이다.

인쇄 쪽의 실무를 잘 알고 있는 것은 목 대표에게 큰 장점이 되었다. 광고디자인 전문회사인 엠애드를 운영하면서 전천후로 업무영역을 확보할 수 있었기 때문이다. 예를 들어 다른 디자인회사에서는 잘안 하려고 하거나 처리하지 못하는 라벨 등 인쇄물 작업도 엠애드는 종합적으로 처리할 수 있다. 목 대표는 인쇄부터 차근차근 공부해온 것이 본인의 비즈니스 영역을 세부적으로 가져갈 수 있는 발판이자 경험이 되었다고 믿는다.

엠애드는 현재 기업홍보용 카탈로그, 브로슈어, 전단 등 광고인쇄물부터 시작해 패키지나 라벨 제작 같은 인쇄 영역, 온·오프라인 광고 마케팅까지 종합적인 업무를 해오고 있다. 인쇄업이 하향세인 상황을 타파하고자 5년 전부터는 분양광고를 주력으로 진행하기 시작했다. 엠애드를 통해 분양광고를 진행한 후 분양이 잘 이루어지고 성과가 났다는 소문이 나면서 일거리도 늘었다.

중소업체로서의 한계를 협업으로 돌파하다

✖

하지만 중소업체이다 보니 회사가 보유한 역량을 발휘하는 데 한계가 있었다. 무엇보다 광고디자인회사로 성장하는 과정에서 가장 큰 문제는 서체였다. 공개된 서체만으로 광고물 작업을 하니 디자인에 한계가 있었다. 다양한 서체를 보유해야 할 필요성을 느꼈지만 서체는 고가였기에 큰 투자가 필요했다. 이는 인쇄출판단지 내의 다른 협업사도 마찬가지였다. 엠애드는 광고 수주의 제약을 탈피하고자 서체 구입을 계획하던 중 우연히 서울신용보증재단의 자영업 협업화 지원사업을 알게 되었다.

서체뿐 아니라 공동으로 사용할 수 있는 시설도 지원됨을 확인하고 목 대표는 인쇄출판단지 내에서 함께 활동하고 있는 다른 두 업체와 함께 협업화 사업에 지원했다. 기존에도 꾸준히 소통하며 협력해오던 곳들이었기 때문에 협업 논의는 쉽게 진행되었다. 엠애드는 기획 및 디자인업체이고, 함께하는 곳들은 라벨과 스티커 등을 제작하는 업체라서 협업팀의 구성도 좋았다. 그 덕분에 지원사업을 통해서 서체와 밴딩기, 디지털프린터기 등을 지원받을 수 있었다.

다양한 정식서체를 지원받은 이후 엠애드는 규모가 큰 광고대행 수주도 받으며 공격적인 마케팅을 진행할 역량을 갖췄다. 기존에는 공개서체 위주로 광고디자인을 하다 보니 작업이 제한적일 수밖에 없었다. 특히 공식매체나 정부기관 업무를 수행하기 조금 어려웠다. 정식서체를 지원받은 이후부터는 BI나 CI처럼 라이센스 계약이 민감한 작업도 진행할 수 있었다.

서체 라이센스 문제를 해결하고, 기본이 갖추어진 상태에서 일을 하다 보니 이제는 마케팅에도 적극적으로 뛰어들게 되었다. 이전에는 소극적으로 마케팅에 임했다면 이제는 자신 있게 업무 수주를 받는 것이다. 시스템을 만들어 적극적인 마케팅과 프레젠테이션도 가능해졌고 엠애드가 도전할 수 있는 사업 영역 또한 자연스럽게 넓어지게 되었다.

협업과 함께 사업확장의 발판을 마련하다

×

최신식 디지털프린터기를 지원받으면서 그동안 다른 곳에 외주로 맡기던 업무도 회사 내에서 직접 처리할 수 있게 되었다. 외부로 나가는 비용이 줄어드니 각 협업체의 영업이익도 저절로 늘어났다. 최신 프린터기는 인쇄품질 또한 높여주었다.

협업사업을 운영해가는 과정에서 협업기업 간의 교류도 더 늘어나고 신뢰도 두터워졌다. 자원과 형식을 갖춘 공동체인 만큼 기존의 단순한 업무 교류에서 끝나는 게 아니라 협업을 발전시키는 방안을 함께 모색하게 되었다. 업무에서도 엠애드는 라벨이나 스티커 작업을 수주하면 전량을 협업기업 두 곳에 맡기고, 다른 업체들도 디자인 작업이 들어오면 엠애드에 맡기는 식으로 협업과 마케팅이 강화되었다. 적극적인 협업활동을 통해서 서로 작업물을 밀어주고 공동 작업을 할 수 있게 되어 매출 및 영업이익 면에서도 세 업체가 모두 성장을 이루었다.

엠애드의 성장은 정말 놀라웠다. 협업사업 초창기 5억 원이 안 되던 매출액은 협업사업 이후 3배 가까이 성장했다. 직원도 늘었다. 협업화 당시에는 직원이 3명이었는데 현재 8명까지 늘어났다. 목 대표는 협업화 사업 이후 매출이 크게 늘어나, 그동안의 숙원이었던 종합광고대행 분야로 진출하고자 법인기업도 설립했다.

목 대표는 매출이나 규모가 급격하게 성장하는 회사를 바라지 않는다. 이번 협업화 사업이 계기가 되어 매출신장을 이루고 직원 수를 늘린 것도 10여 년간 차곡차곡 쌓은 내실의 결과라고 생각한다. 책상 하나, 컴퓨터 한 대로 시작해 단계별로 착실히 성장해온 엠애드. 목 대표는 천천히 가더라도 내실 있는 회사로 키우는 것이 목표다.

엠애드는 한두 해에 빠르게 성장한 것처럼 보이지만 속을 들여다보면 광고디자인회사로서 정직하게 쌓아온 내공이 협업사업이라는 기제를 만나 발휘되고 있는 것으로 보인다. 20년 후, 30년 후에도 우직하고 성실하게 광고를 만드는 엠애드의 철학은 변함이 없을 것이다.

협업 공동 설비로 운영비를
70% 이상 절감한 가락시장 유통전문점

가락시장역에 위치한 가락몰에는 다양한 농수산 유통전문점이 모여 있다. 참좋은농산 외 3개 업체는 협업을 통해 가락몰 지하에 공동 설비를 마련하는 작업을 진행했다. 이를 통해 기존 운영경비를 획기적으로 절감하는 성과를 낼 수 있었다. 협업은 시장의 변화로 인해 위축되거나 위기에 몰린 업종에게 돌파구를 만들어주는 역할을 하기도 한다. 가락시장 내의 유통전문점들 또한 협업 성공으로 변화하는 도매 유통업계의 문제를 극복하는 계기를 마련할 수 있었다.

농산물 유통시장 위기 극복의 발판이 된 협업

✕

참좋은농산은 가락시장에 위치한 나물도매전문점이다. 정 대표가 어머니의 대를 이어 운영해오고 있는 곳으로 고사리, 콩나물 등 다양한 국산 나물을 유통하고 있다. 무려 40~50년이 넘게 운영해오고 있는 베테랑 기업이다. 서울역, 용산시장 시절부터 나물 유통에만 전념해온 만큼 좋은 나물을 구매해 유통하는 노하우가 남다르다. 좋은 나물에 대한 고객들의 신뢰를 기반으로 그간 남부럽지 않은 매출을 올리며 사업을 이어올 수 있었다.

하지만 농산물 유통시장의 변화로 위기가 서서히 찾아오기 시작했다. 중국산 농산물의 질이 높아지고 농산물 직거래가 활성화됨에 따라 중간유통을 담당하던 나물도매시장이 점점 위축되기 시작한 것이다. 일반 소비자들이 온라인으로 농산물을 쉽게 구매하다 보니 매장 매출이 눈에 띄게 줄어들기 시작했다. 좋은 나물을 소비자에게 유통하는 것이 본인의 역할이라고 생각하며 최선을 다해왔지만 해가 갈수록 설자리를 잃는 것 같아 위기감이 커졌다.

시장 상황이 안 좋아지고 가락시장 현대화 사업으로 사업장을 이전하는 등 변화를 겪으면서 고민이 생겼다. 줄어드는 매출을 감당하기 힘들어 잠시 사업 운영을 중단하기도 했던 정 대표는 공장도 정리하고 규모를 축소해 다시 매장 운영을 시작했다. 이런 어려운 시기에 위기 극복의 발판을 마련해준 것이 서울시 자영업 협업화 지원사업이다.

가락시장 현대화 사업을 통해 이전한 가락몰은 지하에 부대시설부지가 확보되어 있었다. 이곳에 나물가공시설을 설치할 수 있었는데 문제는 비용이었다. 사방에 흩어져 있는 부대시설을 가락몰에 입주하고 나서 한데 모아야 하는 시점이었으나 몇천만 원이나 하는 가공설비 구입은 상인들에게 큰 부담이었다.

　이런 상인들의 상황을 잘 알고 있었던 상인회장이 나서서 도움을 받을 수 있는 정책이 있는지 알아보던 중 서울신용보증재단의 협업 지원사업을 알게 되었다. 처음에는 시설 비용을 무료로 지원해준다는 것을 아무도 믿지 않았다. 부담 비용이 어느 정도 있지만 충분히 감당할 수 있는 정도였다. 정부에서 지원하는 사업들 중에서도 가장 필요하고 적절한 사업지원을 받을 기회를 상인회의 도움을 통해 접했다.

공동 시설 지원으로 획기적인 운영비 절감

×

정 대표는 가락몰에서 함께 나물을 판매하는 협업체 세 곳을 모아 나물을 삶고 가공할 수 있는 공동 설비를 지원받고자 했다. 협업사업 지원과정이 쉽지만은 않았다. 지원에 필요한 서류 작성부터 심사과정까지 협업에 참여하는 상인들이 모여 일일이 상의하고 주변의 도움을 받으며 진행했다. 협업사업의 주된 목적은 노후설비를 교체하고 가락몰 지하 부대시설에 설치할 공동 시설을 지원받는 것이었다. 다행히 심사과정에서 협업사업에 대한 가치를 인정받아 나물가공기계를 지원받을 수 있었다.

　공동 설비를 지원받아서 가장 좋은 점은 더 이상 외부에 공장을 운영하지 않아도 된다는 것이다. 기존에는 나물을 삶는 작업을 매장 근처에서 할 수 없어 외곽에 공장을 따로 두고 작업해야 했다. 이 때문에 들어가는 공장 임대료와 관리비, 운송비 등을 합치면 운영비용이 상당했다. 공장 가동 소음이나 냄새 때문에 민원도 많았다. 잦은 민원으로 사람이 없는 외곽으로 점점 공장이 이동하면서 운송비가 더 늘어나기도 했다.

영업장 바로 밑에 가공시설이 설치되니 공장 운영에 들어가던 비용이 획기적으로 줄어들었다. 운송하는 데 드는 시간도 절약할 수 있고 인건비도 절약되었다. 기존에 들던 운영비용의 거의 2/3가량을 절약하는 셈이다. 그간 부담이 될 수밖에 없었던 주민들의 민원 문제도 공장이 매장 밑에 들어오게 되면서 해결이 더 수월해졌다. 같은 일을 하는 상인들이 모여 있어 이에 대한 서로의 배려가 있었기 때문이다. 설비를 통한 운영비 절감은 그간 어려웠던 사업을 다시 일으킬 수 있는 기반을 마련해주었다.

목표는 협업의 본보기를 만드는 것

×

정 대표를 주축으로 진행된 가락몰 농산물 유통업체들의 협업사업은 단순히 금전적 성과만 낸 것이 아니다. 시장 상인들에게 협업을 통해서 나물유통사업을 다시 확장시켜나갈 수 있다는 희망을 심어주었다.

사실 정 대표는 이전 가락시장에서 가락몰로 이사하던 시기, 나물 판매자들 간의 협동조합을 꾸려 어려운 농산물 도매시장의 문제점을 극복해보겠다는 목표를 세웠다. 하지만 현실적으로 함께할 사업주들을 설득해나가는 과정이 쉽지 않았다. 그런 면에서 이번 협업사업은 정 대표에게 더 큰 의미로 다가왔다. 상인들이 모이면 성과를 낼 수 있다는 것을 결과로 몸소 보여줄 수 있었기 때문이다. 정 대표는 이를 통해 다른 상인들도 협업활동을 신뢰하고 동참해주기를 기대한다.

앞으로 정 대표의 목표는 더 많은 사람들이 협업에 참여하도록 설득하고 공동의 가치를 만들어나가는 것이다. 이번 협업사업을 통해 물리적인 기반을 만들었다면, 이후에는 상인들끼리 공동 브랜드를 만들어 유통까지 함께하는 것이 목표다. 협업사업을 통해 기존의 농산물 유통 상인들의 노하우와 가치를 알리고, 직접적으로 소비자들에게도 농산물을 유통하는 방법을 모색해 시장의 변화에 적극적으로 발맞추려고 한다.

PART 4

협업을 위한 무상지원제도 활용하기

협업의 최대 무기
무상지원자금

소상공인은 인적자원이나 정보력, 자본력, 기술력, 유통경로, 홍보채널 등에서 경쟁력이 충분하지 못해 시장에서 살아남기가 쉽지 않다. 국가적인 측면에서 볼 때 대량 실업의 충격을 완화해주고 절대다수의 고용을 책임지는 소상공인의 사업실패는 심각한 사회문제가 아닐 수 없다. 그래서 정부 및 지방자치단체에서는 소상공인을 보호하고 육성하는 지원정책을 적극적으로 시행한다.

공공부문에서 소상공인 지원을 위해 오랫동안 여러 가지 시도를 해왔으나 대부분 개별 업체 단위 지원이어서 이것으로는 소상공인의 경쟁력을 강화시키는 데 한계가 있음을 경험적으로 알고 있다. 소상공인이 경쟁력을 갖추는 방안 중 하나로 규모화를 들 수 있는데 소상공인이 스스로 스케일업(scale-up)해서 중견기업, 대기업으로 발돋움하지 못하는 한 규모화를 이루는 가장 효율적인 방법은 그들을 조직화

조직화 및 협업화 관련 법률

구분	법률명	협업화	조직화
소상공인	소상공인 보호 및 지원에 관한 법률	O	O
	가맹사업 진흥에 관한 법률		O
중소기업	중소기업기본법		O
	중소기업진흥에 관한 법률	O	
	대중소기업 상생협력 촉진에 관한 법률	O	
	중소기업협동조합법	O	O
기타	협동조합기본법	O	O

하는 것이다.

그러나 조직화로 규모를 키울 수는 있지만 이것이 곧바로 경쟁력 향상으로 연결되지는 않는다. 그 대안으로서 소상공인 간의 협업을 제안한다. 현재 정부와 지자체에서는 소상공인의 협업 활성화를 위해 무상으로 자금을 지원하는 사업을 시행하고 있는데, 각각 산하에 사업 운영을 담당하는 기관을 두고 별도의 예산을 편성해 지원하고 있다.

정부의 협업화 지원사업

✖

전국적인 소상공인 지원기관으로는 중소벤처기업부 산하의 소상공인시장진흥공단이 있다. 이 기관은 전국에 소상공인지원센터를 운영하고 있는데, 여기에서 협업 활성화 사업을 시행하고 있다. 이 사업을 통해 공단은 소상공인 협동조합에 대해서 공동 이용장비 구축, 신제품 개발, 공동 브랜드 구축, 공동 마케팅 활동 등을 지원한다. 일반형 협동조합은 소요자금의 70~80% 이내에서 1억 원까지, 선도형 협동조합은 최대 5억 원까지 무상지원한다.

지방자치단체의 협업화 지원사업

×

한편 각 지자체는 산하에 소상공인에 대한 지원사업 운영기관을 두고, 그 기관들이 관할 지역 내에 소재하는 중소기업 및 소상공인에 대한 협업 지원을 비롯한 각종 지원사업을 수행하도록 하고 있다.

소상공인의 협업에 대한 지원을 가장 먼저 시작한 곳은 서울시다. 2011년부터 서울신용보증재단을 운영기관으로 선정하고 서울 소재 소상공인의 협업사업을 지원해왔다. 소상공인시장진흥공단이 협동조합 지원사업을 2013년부터 실시한 것에 비해 2년이나 빠르다. 바로 '서울시 자영업 협업화 지원사업'인데, 이 사업은 서울신용보증재단의 자영업지원센터를 통해서 운영된다. 서울에서 사업체를 운영 중인 자영업자 3인 이상이 모여 협업체를 구성하고 협업사업계획을 수립해 지원을 신청하면 심사를 통해 공동 시설 구축사업은 최대 5천만 원, 공동 운영시스템 구축사업은 3천만 원, 공동 브랜드 개발 및 활용사업은 2천만 원까지 지원한다(2020년 기준).

서울시 자영업 협업화 지원사업의 가장 큰 특징은 예비협동조합 단계를 지원한다는 데 있다. 막연한 기대 속에 협동조합을 설립했지만 실제 운영되지 않는 조합이 매우 많은 것이 현실이다. 이런 일이 발생하지 않도록 협동조합 설립 전에 협업화를 통해 협업의 장점을 직접 경험하고, 이를 바탕으로 협동조합을 설립하도록 지원하고 있다.

다른 지자체의 소상공인 협업사업에 대한 관심도 빠르게 확산되어 서울시 모델을 접목해 협업 지원사업을 시행하는 지자체가 늘어나고 있다. 부산시는 2018년부터 소상공인희망센터를 통해 5개 협업팀에 대해 팀당 3천만 원씩 지원 중이고, 경상남도는 2019년부터 경남신용보증재단을 통해 서울시와 유사한 방식으로 협업을 지원하고 있다. 또한 인천시는 소상공인서민금융복지지원센터를 통해 2019년부터 소상공인에 대한 협업 지원사업을 시행하고 있으며, 이외에 경기도, 광주광역시, 대구광역시, 제주도 등에서도 소상공인 및 소상공인 협동조합의 협업사업에 대한 지원을 늘려나가고 있다. 특히 서울시는 자영업 협업화 지원사업 외에도 패션봉제업체 협업화 사업을 2019년부터 추가로 시행하고 있을 정도로 협업화에 거는 기대가 크다.

최근 들어 새로 나타나는 움직임도 있다. 협동조합을 포함한 사회적경제기업 간 협업에 대한 지방자치단체의 지원사업이 늘어나고 있는데, 자생력이 약한 사회적경제기업의 경쟁력 강화에 협업화 지원이 가장 효과적이라고 판단한 것으로 보인다.

정부 및 지방자치단체 협업 지원사업

지역	지원기관	지원분야	지원내용	비고
전국	소상공인 시장 진흥공단	소상공인 협동조합 협업 활성화 지원	공동 장비, 공동 개발, 마케팅 지원 등	207억 원
		소공인 특화 지원	공동 기반시설 구축·운영사업	130억 원
		중소슈퍼 협업화 지원	동네 슈퍼 체인화 및 물류센터 배송체계 지원	35억 원
서울시	서울시 자영업 지원센터	자영업자 협업화 지원	공동 이용시설, 공동 운영시스템, 공동 브랜드 개발	8억 5천만 원
	서울시 경제정책실	패션봉제업체 협업 지원사업	공동 개발, 공동 마케팅	11억 원
경기도	경기도시장 상권진흥원	도시형 소공인 집적지구 활성화 지원	네트워크 활성화, 특성화, 전시회 참가 등	
		골목상권 지역대학 협업사업	골목상권&지역대학 협업 지원	
인천시	소상공인 서민금융 복지센터	도시형 소상공인	공동 이용시설, 공동 운영시스템 , 공동 브랜드 개발	
부산시	소상공인 희망센터	유망업종 공동특화 마케팅	마케팅, 관광상품과 행사참여 지원 등	
경상남도	경남신용 보증재단	소상공인 협업화지원	공동 이용시설, 공동 운영시스템, 공동 브랜드 개발	
광주시	광주사회적 경제지원센터	사회적 경제기업 협업	협업화모델 개발, 협업사업화 지원	

대구시	대구광역시 사회적경제 지원센터	사회적 경제기업 협업	기술 및 시제품 개발, 공동 브랜딩 및 상품 개발, 공동 판로 개척, 홍보 및 제품서비스 시연
제주도	제주농업 농촌6차산업 지원센터	6차산업업체	상품 개발비, 판로 확대비
시흥시	시흥 산업진흥원	소공인	재료비, 외주용역비, 시제품 제작비

서울시 협업 지원사업 자세히 들여다보기

×

대기업 및 대형 프랜차이즈와의 시장점유율 경쟁, 중국이나 동남아산 제품과의 가격경쟁, 국내외 경기의 전반적인 침체 등으로 어려움에 처해 있는 서울시 소재 자영업자의 경쟁력 향상과 자립 환경 조성을 위해 서울시는 서울신용보증재단을 통해 서울시 자영업 협업화 지원사업을 시행해오고 있다.

서울신용보증재단 자료에 따르면 2020년도에만 27개 협업체의 협업사업에 대해 8억 5천만 원의 지원금을 지원했으며, 참여한 소상공기업은 80여 개 업체에 이른다. 2011년부터 시행된 이 사업은 10년의 기간 동안 140여 개 협업사업, 500여 개 업체에 대해 협업활동을 지원했으며, 총지원금액은 총 39억 원에 달한다.

이 사업이 자영업자의 활로를 개척하는 사업으로서 좋은 반응을 얻으면서 서울시는 지원대상 협업사업의 수와 지원예산 규모를 해마다 늘려가고 있있는데, 이를 모델로 해서 부산광역시, 인천광역시, 경상남도 등 여러 자치단체에서 협업 지원사업을 도입하고 있다.

서울 소재 소상공인 자영업자는 협업체를 구성해서 이 사업에 참여할 수 있다. 공동으로 이용할 설비 구축이나 공동 구매나 판매를 위한 운영시스템의 구축, 공동 브랜드를 개발 및 활용하는 등의 협업사업에 지원을 받을 수 있는데, 필요한 시설이나 용역의 구매에 소요되는 자금의 90%까지 무상으로 지원된다. 지원사업은 3가지로 구분되어 있으며 그 내용은 다음과 같다.

공동 이용시설 구축사업

협업체를 구성한 각 참여업체가 공동으로 이용할 생산·검사·연구장비나 보관설비의 구축에 필요한 자금을 지원한다. 예를 들면 농수산물 가공, 판매업체의 냉동보관창고 구축비, 공예품 제작업체의 시제품 견본 제작을 위한 3D프린터 등의 장비 구입비를 지원한다. 가죽제품 제조업체의 피할기나 재단기, 인쇄업체의 디지털 평판인쇄기, 자동 재단기 등도 많이 지원하는 품목이다. 개별 협업체에 대한 지원 한도는 최대 5천만 원까지다.

공동 운영시스템 구축사업

협업 참여업체가 공동으로 이용할 수 있고 그 활용으로 인한 과실을 공유할 수 있는 판매 또는 고객관리 시스템 구축 등에 소요되는 자금을 최대 3천만 원 이내에서 지원한다. 이 분야의 협업사업은 소상공인이 스스로 계획하고 실행하기에는 인력과 자금이 부족해 성공적인 수행이 어려운 측면이 있어 사업 운영기관이 적극적으로 사업모델을 개발해 융합형 협업분야로 발전시키는 것이 필요해 보인다.

공동 브랜드 개발 및 활용사업

협업 참여업체가 생산하는 제품이나 용역에 적용할 브랜드를 만들고 이를 공동으로 활용하고자 하는 사업에 대해 지원한다. 브랜드네이밍, BI, CI, 캐릭터 개발, 샘플 제품 개발이나 홍보를 위한 홈페이지 구축 등에 소요되는 자금을 협업체당 최대 2천만 원 이내에서 지원하고 있다.

공동 브랜드 사업은 현재 소상공인이 겪고 있는 어려움을 극복하는 데 가장 효과적인 방법 중 하나다. 그러나 이 사업은 협업에 참여하는 업체들의 시장에 대한 통찰력, 제품 개발 및 디자인 능력, 온라인 홍보·마케팅 활용 능력이 필요하다 보니 단기간에 성과를 내는 데 어려움이 많았다. 이런 이유로 공동 브랜드 부분에 대한 지원은 매년 축소되는 추세였다. 그러나 최근 능력 있는 젊은 사업가들이 합류하고, 종합적인 브랜드 라인업을 구축하지 않아도 온라인 판매가 가능하게 되었으며, 크라우드펀딩 등 단기간 내에 시장 진입이 가능한 통로가 생기면서 상황이 바뀌고 있다. 향후 적극적인 지원이 필요한 분야다.

서울시 자영업 협업화 지원사업은 협업체별로 1개 부문만 지원하는 것을 원칙으로 하고 있다. 다만 지원을 받은 협업체 중에 협업사업의 진행이 원만했고 매출 증가나 수익 향상, 신규 고용 창출 등 협업의 성과가 우량하다고 판단되는 협업체에 대해서는 1회에 한해 추가로 지원하고 있다. 추가 지원은 기존 협업체가 새로 추진하는 협업사업이나 수행 중인 협업사업의 성과를 확대하기 위한 목적의 설비 확충 등에 지원되고 있는데, 지원을 받기 위한 세부요건에 대해서는 자영업지원센터 홈페이지에 게시된 사업공고를 참고하거나 지원사업 담당자에게 문의해서 그 내용을 파악할 필요가 있다.

서울시 협업 지원사업
신청하기

1단계: 사업 담당자와 상담하기

×

지원 경험을 토대로, 사업 참여희망업체를 가정해 설명하겠다. 협업 지원사업에 참여하기로 마음먹었다면 먼저 사업공고나 사업시행기관 홈페이지를 통해 사업의 내용과 취지를 잘 파악한 다음 간단한 협업사업계획을 짜서 같이 사업에 참여할 파트너를 구해야 한다. 그런데 처음에 협업의 방향을 잘못 설정하면 협업파트너를 구하고도 곤란한 일이 발생할 수 있다. 그래서 협업 지원사업에 참여할 생각이 있다면 가급적 지원기관의 사업 담당자와 상담을 해보는 것이 좋다.

사업 방향을 잘못 잡아 우왕좌왕할 경우 파트너의 신뢰를 잃어 자칫 포기자가 생기거나 그 내용이 지원취지에 맞지 않아 사업계획을 통째로 바꿔야 하는 경우도 생긴다. 그러면 협업파트너도 달라질 수 있어서 초기 참여멤버들에게 실수를 할 가능성이 있다.

예를 들면 협업을 주도하는 업체의, 즉 추진주체의 사용 빈도는 높지만 다른 업체는 월 1~2회밖에 사용하지 않는 시설의 도입을 추진한다면 이를 협업이라고 보기 어려울 것이다. 유대관계가 있는 지인들과 마음이 맞아서 공동 브랜드를 만들기로 의기투합했다고 해도 콘셉트나 성격이 상이한 업종이라면 디자인, 컬러, 슬로건 등이 다를 수밖에 없다. 발주업체가 납품업체들과 협업계획을 짠다면 업체 간 협조를 얻는 것은 용이하겠지만 이는 수직적 협업 형태로서 지원대상으로 선정될 가능성이 현저히 낮을 것이다.

2단계: 좋은 협업파트너 구하기

✕

협업사업이 성공적으로 진행되는 데는 협업체 구성이 매우 중요한 영향을 미치므로 추진주체는 다음 사항을 고려해서 협업체를 구성해야 할 것이다.

첫째, 협업사업에 참여해서 얻을 수 있는 적극적인 이익이 있는 기업으로 구성해야 한다.

둘째, 기존에 돈독한 유대관계가 있는 기업으로 구성해야 한다. 협업이 주는 이익만을 좇아 구성된 조직은 오래가지 못한다.

셋째, 협업을 추구하는 개방적인 성격의 소유자들로 구성해야 한다. 즉 협업 DNA를 가진 사람이 협업체 구성원의 반 이상이어야 한다.

넷째, 가까운 거리에 있는 기업으로 구성해야 한다.

다섯째, 금융거래상 결격사유가 없는 업체로 구성해야 한다.

리더가 협업파트너를 구할 때 지원사업 담당자에게 소그룹 상담을 받아보는 것도 좋은 방법이다. 워낙 다양한 이유로 접근하는 사람들이 많다 보니 사장님들이 무상지원사업에 불신을 가지고 있는 경우도 의외로 많다. 차후에 대가를 요구하지 않을까 하는 의심이 있어서인데, 이런 경우 지원사업 담당자로부터 충분한 설명을 들으면 신뢰를 가지고 협업에 참여하게 된다. 또한 협업이 거저 주어지는 것이 아니라는 것도 알게 되므로 진정성이 있는 파트너만 남게 되는 것도 기대할 수 있다.

협업 관련 상담을 하다 보면 별다른 노력이나 자기부담금이 없이도 무상지원금을 받을 수 있다고 알고 계시는 분들도 있다. 소위 협동조합 전문가라는 사람들이나 유튜브 등에서 자기 돈 한 푼 들이지 않고 협업지원금을 받을 수 있다는 바람직하지 않은 정보들이 퍼진 이유인 것 같다.

협업은 본질적으로 파트너와 협의하고 결정하는 과정이 있기 때문에 복잡하다고 생각될 수 있다. 그러나 그런 과정은 새로운 정보를 습득하고, 아이디어를 얻는 창구가 된다. 이 과정을 거쳐 공동 개발, 공동 생산, 공동 마케팅을 하고 혼자 할 수 없는 것에 도전함으로써 새로운 판매채널을 얻고, 비용을 절감하며 이익을 늘릴 수 있게 되는 것인데 이러한 과정을 싫어하거나 이해하지 못하는 사업자는 처음부터 참여시키지 않는 편이 현명하다.

이업종 간의 협업은 사업모델로는 이상적인 경우가 많아 업체 간 유대관계를 고려하지 않은 채 서로 이익이 극대화 가능하다고 생각되는 업체를 연결해서 협업체를 구성해본 적이 있다. 그러나 유대관계가 약한 경우 사람들은 조금이라도 불공평하다고 느끼면 쉽게 관계를 포기해버리기 때문에 주의해야 한다. 서로 도움이 될 수 있는 업체끼리 협업모델을 만들어서 한자리에 모였지만 유대관계가 없었던 팀은 신청단계 전에 거의 와해되었다. 지원을 받아 협업사업을 시작했다 하더라도 협업의 경제적 효익을 우선시해서 뭉친 조직은 활발한 활동을 기대하기 어렵다.

협업기업 간에는 사업장이 가까이 있어야 한다. 소상공인 협업은 최소한 주 1회 이상은 특별한 일이 없어도 만날 수 있는 거리와 관계에 있어야 그 진행이 원활하다. 자영업자는 당장 이익이 생기지 않는 일이라면 일부러 시간을 내어 주 1~2회씩 만날 수 있는 처지가 못된다. 경험에 비추어볼 때 상호 간 거리가 먼 경우에는 실질적인 협업이 이루어지지 않았다. 업체 간 거리가 걸어서 10분 이상 걸린다면 실제 협업을 하기 어려운 여건이라고 봐도 무방했다. 물론 서로 매우 특수한 관계이거나 협업도구와 SNS를 통해 수시로 교류하는 관계라면 다를 수 있지만 대부분은 그렇다고 판단된다.

3단계: 협업사업계획 수립하기

×

협업사업계획을 수립하는 것은 생각보다 어렵지 않다. 이미 10년간 협업 지원사업이 진행되어 왔기 때문에 업종별로 참고할 만한 사업모델이 준비되어 있다. 그 사업모델을 기본으로 적절하게 수정해서 사업계획을 세우는 방법이 있다. 또 지원사업 담당자와 상담을 해보면 업종의 특성과 업체들의 상황에 맞는 몇 가지 사업모델을 제시해주기도 한다. 물론 추진기업들이 보다 혁신적이고 진취적인 사업모델을 제시한다면 더할 나위 없이 좋을 것이다.

협업사업모델은 사업 운영기관이 지원대상 협업체를 선정하는 데 가장 중점을 두고 평가하는 사항이다. 좋은 모델이 수립된 협업사업계획이야말로 지원대상 협업체 선정이나 협업사업이 성과를 내는 데 기본이 된다. 다만 협업사업계획을 수립하고 사업계획서를 작성하는 것이 어렵지 않다고 말할 수 있는 것은 참여업체가 협업에 대한 진정성과 수행에 대한 열정, 그리고 좋은 파트너를 구할 수 있는 능력이 있음을 전제로 한다.

협업사업모델은 지원사업 담당자와 상담하면서 적절히 만들어나가자. 기본적인 모델이 완성되면 협업컨설턴트의 지원을 받아 사업계획서를 작성해 나가면 된다. 서울시는 좋은 예비 협업체가 사업계획서 작성에 대한 부담으로 사업 참여를 포기하는 일이 없도록 무상으로 협업컨설팅을 지원하고 있다.

4단계: 협업 지원사업 신청하기

×

지원사업 참여를 준비하면서 가장 기본적으로 해야 할 일은 사업공고문을 꼼꼼하게 읽어보는 것이다. 매년 초에 지원계획을 짜면서 사업의 방향이 약간씩 달라지기도 한다. 예를 들어 업종별로 지원 협업체 수를 제한하거나 신청업체의 경력에 대한 기준이 변할 수 있다. 전년도에 지원사업을 운영하면서 발생한 문제점이나 서울시의 새로운 정책 방향을 반영하기 때문이다.

협업이나 협동조합 사업에는 구성원 교육이 매우 중요하다. 지금 개별적으로 하던 사업방식에서 탈피해서 서로 협력해야 하는데, 단순히 참여업체 간 합의로만 사업목표가 실현되지는 않는다. 협업의 필요성, 협업의 방식, 협업사례 등이 꾸준히 교육되어야 구성원의 의식에 협업의 개념이 조금씩 스며들고 공유된다. 이런 이유로 사업설명회 참석을 협업 지원사업 참여 조건으로 운용하는 경우가 많다. 어쨌든 사업에 참여하려면 사업설명회는 기본적으로 듣는 것이 좋다.

우선 지원대상으로 선정될 수 있는 중요한 팁을 받을 수 있어 최종 선정업체가 되는 데 도움이 많이 되고, 사업계획의 정확한 방향을 잡는 데도 도움이 된다.

사업설명회를 듣지 않은 채 사업공고문을 보고 사업계획을 자체적으로 수립하다가 신청조차 못 하는 경우를 많이 보았다.

또한 사업설명회에 참석해야 사업계획서 작성을 지원해주는 협업 컨설턴트를 배정받을 수 있다. 사업설명회 참석업체는 별도로 명단이

사업공고문 예시

지원대상	협업을 통해 상호 간의 공동이익을 추구하고자 하는 추진주체 외 2개 이상 참가업체로 구성된 서울시 소재 자영업자 협업체
신청자격	아래 요건을 모두 충족하는 서울시 소재 자영업자로 구성된 협업체 – 3개 이상의 소상공인이 참여할 것 – 참여업체 간 수평적 협업 형태의 계약으로 되어 있을 것 – 협업사업계획은 참여업체 전원 동의 방식으로 수립될 것 – 재단이 개최한 협업사업 설명회에 참여업체 중 1개 업체 이상이 참석할 것(코로나19 사태로 인해 유튜브로 진행, 참석방법은 하단 참조)

지원내용	사업구분	지원한도	
		신규지원	추가지원
	공동 이용시설	5천만 원 이내	5천만 원 이내
	공동 운영시스템	3천만 원 이내	
	공동 브랜드 개발 및 활용	2천만 원 이내	

관리되고 지원사업 담당자가 이를 확인하면서 컨설턴트를 연결해주기 때문이다.

서울시 협업화 사업
진행 과정 알아보기

1단계: 지원대상 협업체로 선정되기

✕

지원대상 협업체 선정에서 사업 활성화 지원까지 알아보겠다. 먼저 지원대상 협업체 선정은 2단계 평가 과정을 거친다. 지원사업 담당실무자가 1차 현장평가를 통해 사업계획이 지원기관에서 요구하는 기본적인 요건에 적합한지 평가한다. 요건을 갖추었다고 판단되는 경우 이를 협업평가위원회에 상정하고 이곳에서 2차 인터뷰평가를 실시한다. 보통 1차 현장평가에서 50%가량이 탈락한다. 최종 선정은 2차 인터뷰평가를 통해 결정되지만 2차 평가에서 협업의 기본적인 요건까지 검토하기 어려운 점을 감안해 이러한 절차를 유지하는 것이다.

1차 현장평가에서는 앞에서 말한 대로 협업사업 지원기관이 요구하는 기본요건에 맞지 않는 것이 있는지, 협업을 수행할 여건을 갖추고 있는지를 판단한다. 2차 인터뷰평가에는 추진주체가 필수적으로 참석해야 하고 참가업체는 참여가 권장되는데, 가급적 참여업체 전체가 참석하는 것이 지원대상으로 선정되는 데 유리하다. 인터뷰평가에서는 협업정신, 협업여건, 지원의 필요성, 업종 간 비교 등을 평가한다. 최종 선정 여부는 2차 평가점수 순위로 결정된다.

협업평가위원회는 총 7명 이내의 평가위원으로 구성된다. 위원의 관점에 따라 평가점수에 차이가 발생할 수 있어 이를 최대한 줄이고자 소상공인 지원에 대한 다양한 경험을 가진 분들을 위원으로 선임한다. 재단의 담당이사와 주무부서장은 필수 평가위원이다. 외부 평가위원은 소공인, 패션봉제, 산업디자인 등에 전문성이 있는 서울산업진흥원, 서울디자인재단, 서울시 협동조합지원센터 소속 전문가나 소상공인 지원경험이 풍부한 소상공인 지원기관인 소상공인시장진흥공단 센터장, 산업 현황 및 트렌드에 전문성이 있는 소상공인 관련 언론인, 협동조합 전문가 및 대학교수 중에서 골고루 선임하고 있다.

협업 지원사업에서는 공동 이용시설에 대한 지원액이 가장 많고, 제조 및 임가공업을 영위하는 소공인이 협업체 구성면에서 평가 때 다소 유리한 측면이 있다. 이들에 대한 1차 현장평가에는 평가자가 공장과 제품을 보기 때문에 사업내용을 이해하고 평가하지만, 2차 인터뷰평가에는 여건이 그렇지 않으므로 짧은 시간에 평가위원들이 사업 내용과 그 필요성이나 효과에 대해 이해할 수 있도록 제품이나 샘플 등을 가지고 와서 설명하는 것이 도움이 된다.

2단계: 협업사업 약정하기

×

협업평가위원회를 통해 지원 대상업체가 선정되면 사업 진행을 위한 기본교육이 실시되고 지원기관과 추진주체, 참가업체 3자가 사업협약을 체결한다. 이 협약에는 협업자금 지원에 따른 협약당사자 간의 권리와 의무에 관한 내용이 포함되어 있다.

협업지원금은 특별한 목적형 지원금이기 때문에 목표의 원만한 달성을 위해 협약을 체결하기 전에 교육을 실시하는 것이 일반적이다. 협약서 내용을 설명하고 이해시키는 과정도 있고, 자금의 신청방법과 신청서류, 지켜야 할 기준 등을 교육한다. 협업체가 지원금을 받은 후에도 지속적인 협업활동을 하도록 협업정신에 대한 교육도 겸한다.

이 교육을 통해 사업 과정에서 참여업체 간 원만한 협력을 이끌어내는 데 도움이 될 것이고, 지켜야 할 의무사항을 이해시킴으로써 불필요한 시행착오를 방지할 수 있다. 또한 협약을 체결함으로써 협업체가 무상자금을 지원받을 수 있는 근거가 생기는 것이며, 각 협업 참여자들도 이 절차를 통해 새로운 다짐을 하게 되는 것이 보통이다. 이때 지원취지를 잘 설명하고, 성공적인 운영사례와 관리방법 등을 교육하면 그 전달 효과가 높은 편이다.

협약식이 종료되면 선정된 업체들이 서로 소개하고 교류하는 시간을 갖는데, 협업이야 협업체 내에서 개별적으로 진행되지만 여러 업종의 사업자들이 한자리에 모이는 만큼 교류활동은 새로운 혁신을 가져올 수도 있는 귀중한 시간이다.

3단계: 협업지원금 신청하기

×

협업사업계획 승인서를 교부받고 협약이 완료되면 협업체는 협업지원금을 청구할 수 있다. 다만 지원금 청구는 사업계획서상 사업 항목의 구매나 구축이 완료된 때에 가능하다.

간혹 협업사업계획서 내용과 다른 설비를 도입하거나 기본적인 신청요건을 확인하지 않고 지원금을 청구하는 사례가 있다. 임의로 원사업계획과는 다른 시설을 도입해서 시설을 교체해야 하는 문제가 발생하기도 한다.

협업 약정을 하면서 교육을 받았음에도 불구하고 생기는 이런 시행착오를 방지하기 위해서는 견적서를 받은 후에 먼저 지원사업 담당자에게 전송해서 협의를 거친 다음 계약서를 작성하는 것이 좋다.

공동 이용시설을 설치하는 경우에는 더욱 신중해야 한다. 무상지원시설이라서 관심을 덜 가지고 도입하기도 하고, 기존에 사용하지 않았던 디지털장비를 판매업자의 말만 믿고 구매하기도 한다. 이로 인해 몇 가지 문제가 발생할 수 있다.

첨단설비의 경우 기존의 수동이나 반자동 시설과는 달리 사용에 익숙해지는 데 시간이 걸린다. 봉제업체의 CAD시설, 인쇄업체의 디지털장비 등이 이에 속한다. 또 간헐적으로 사용되는 장비를 무상지원이라는 이유로 크게 고민하지 않고 구입했는데, 설치면적과 운영비용을 감안하면 손해가 발생하는 경우도 있다. 디지털장비의 소모품 비용이나 생산성 등을 고려하지 않아 문제가 생기기도 한다.

인쇄업의 경우 단가경쟁이 치열한 업종이다. 디지털 인쇄장비는 기계식 장비에 비교해 소모품 비용이 많이 들고 속도가 느린 단점이 있다. 그래서 단가가 맞지 않아서 제대로 활용하지 못해 오히려 손해가 되기도 한다.

3D프린터로 모든 것을 해결할 수 있다는 잘못된 믿음도 문제다. 3D프린터는 용량, 재료의 성질, 만들고자 하는 제품 종류에 따라 천차만별이다. 정교한 제품을 제작하는 경우와 장난감을 생산하는 경우, 필요한 3D프린터는 엄연히 다르다. 공예업체에서 많이 쓰이는 레이저각인기나 마킹기도, 레이저의 강도에 따라 쓰임새가 다르다. 금속용과 비금속용이 있고, 자를 수 있는 두께도 다르다. 귀금속에 조각하는 용도라면 좀 더 섬세한 작업이 가능한 장비를 구입해야 한다.

설비 등의 도입 절차가 끝나 협업지원금 신청이 접수되면 지원사업 담당자는 사업 현장을 방문해 시설의 설치 여부 및 가동상태 등을 점검하고, 용역의 경우에는 완료보고서를 받아 검수한 후 이상 없이 이행된 것이 확인된 때에 지원금을 지급한다.

협업기업에게 주어지는
추가 혜택받기

협업 수행 관련 교육

×

기타 협업 및 사업 활성화를 위한 지원사업을 소개하겠다. 협업 지원 사업에 관심이 있는 소상공인 대표자들을 상담하다 보면 단순히 시설을 받아 나눠 쓰려는 목적을 가진 경우가 많다. 일반적으로 소상공인 대표자들은 독립성이 강하다. 대표자들끼리 하는 친목 모임에서는 협조가 잘 되어도, 사업과 관련한 협력은 꺼리는 사람들이 아직 많은 것도 사실이다. 서로 장비를 빌려 쓰거나 거래처를 소개해주는 것은 상호 간 상당한 유대관계가 있어야 가능하다.

단순히 협업구성원으로 묶어놓는 계약만으로 협업사업이 원만히 진행되지는 않는다. 구성원의 인식이 변화해야 한다. 대부분 사업설명회에 참석하거나 상담 과정에서 협업 지원사업이 무엇인지를 조금 이해하게 되고 협업의 필요성을 인식하게 된다. 하지만 이것만으로는 협업을 제대로 진행하기에 여전히 부족한 점이 많다.

선정된 협업체를 대상으로 한 번 더 협업 지원사업의 의미를 알려주고, 협업 과정에서 하면 안 되는 행동에 대한 소상한 교육이 필요하다. 그렇기 때문에 사업협약 체결 전에 협업에 대한 교육을 실시하는 것은 시기상으로도 적정하다.

홍보에 도움이 되는 인증현판

✕

협업기업들이 마케팅, 홍보 등의 목적으로 협업기업 인증현판 제정의 필요성을 꾸준히 제기해서 서울신용보증재단은 2016년에 로고 등을 디자인해 '서울시 선정 협업기업' 인증현판을 만들었다. 사업협약 체결 후 사업승인서와 함께 인증현판을 교부해 사업의 가치도 높일 수 있었다.

온·오프라인 홍보 지원받기

✕

서울시 자영업 협업화 지원사업 시행 초기에는 지원대상 협업체 선정과 지원금 지급이 업무의 대부분을 차지했고 지원 이후의 사후관리는 시설 체크 수준에 불과했다. 협업지원금을 다 소진한 상태에서 협업체

자체적으로 별도의 협업 활성화 사업을 추진하는 기업은 없었다고 해도 과언이 아니다.

협업 활성화를 지원할 제도적 장치가 없어 활성화 의욕이 있는 업체들에게도 도움을 주기 어려웠다. 이를 개선하고자 2014년부터 재단은 몇 가지 협업 활성화 사업을 시범적으로 수행했고, 2015년부터는 정식으로 '협업 활성화 사업'이라는 테마로 여러 가지 사업을 만들어 본격적으로 추진했다.

협업기업들의 신제품 개발이나 상품 출시 등에 대한 인터넷 홍보를 지원했는데 우선 사후관리를 하면서 홍보아이템이 있는 기업들을 모아 연말에 홍보를 지원했다. 그러나 단기간 내에 집중적으로 홍보하는 것이 별로 효과적이지 못한 것으로 나타나 홍보 지원 예산을 좀 더 효율적으로 활용하기 위해 다음 해부터 재단은 주기적으로 우수 협업기업을 선발해 온라인 홍보를 지원했다.

협업기업 중 매월 2개 업체씩을 뽑아 SNS 홍보 지원을 했는데 업체들이 매우 만족해했고, 실제로 양호한 성과를 거둔 사례도 있었다. 특히 온라인 홍보가 생소했던 제조업종에서 적은 투자로 매우 높은 성과를 얻는 업체들이 생겨났다. 이런 과정을 거치면서 협업 지원사업이 일회성 사업에 머무르지 않고 참여사업으로 전환되는 계기가 되었다.

이후 해마다 차이는 있었으나 주로 전년도 지원기업을 대상으로 협업 성과 및 신제품 출시 홍보 지원, 업체 알리기 홍보 지원 등을 실시해서 협업기업의 매출과 인지도 향상에 긍정적인 영향이 나타났다. 또한 이것이 협업 지원사업에 대한 홍보로 이어져 이 사업이 서울 전역에 널리 알려지는 효과가 발생해 그 후로도 매우 유용한 지원정책으로 자리매김하게 되었다.

종합 컨설팅을 제공하는 협업멘토링

×

협업기업에 대해서 재단은 사후관리차 주기적으로 기업을 방문해서 협업 진행 상황을 점검하고 필요 시 경영지도와 종합적인 컨설팅을 제공했다. 협업기업의 어려움에 대해 상담과 컨설팅을 진행하고, 서울시나 정부의 각종 지원제도에 대한 정보제공으로 문제를 해결하기도 했으나 제품 개발 및 판매 등에 대한 경영지도에는 한계가 있었다.

협업기업들은 상호 교류 과정에서 다른 협업기업에 답이 있는 경우를 많이 발견하게 되었다. 이것을 서로 간에 네트워킹으로 연결했고, 재단은 이를 제도적으로 정착시키고자 협업멘토링 제도를 만들었다. 앞으로 이 제도를 시스템화해서 실행하고 참여업체들에 적절한 보상이 이루어진다면 다른 컨설팅 제도보다 더 효과적일 것으로 보인다.

사례를 통한 협업기업 맞춤형 교육

×

협업설비를 공동 이용하면서 생산성 증대 효과를 본 협업기업들은 그 다음으로 온라인 홍보 지원을 요청하고, 이후에는 자연스럽게 홈페이지나 쇼핑몰 구축 지원을 희망하는 사례가 많았다. 그러나 몇 년간 공동 브랜드 협업사업을 통해 홈페이지 및 쇼핑몰 구축을 수차례 지원한 바 있으나 성공사례가 드물어 다른 방안을 고민해보게 되었다.

우선 네이버 모두(modoo), 스마트스토어 등 패키지 솔루션을 통해 홈페이지 및 쇼핑몰을 운영해보고 이를 통해 좋은 성과가 날 때 별도로 홈페이지를 구축하는 것이 자원과 시간을 절약하는 최선의 방법이라고 결론지었다. 또한 홈페이지 구축보다는 운영에서 문제가 발생하는 것을 여러 번 경험하고 있던 터라 교육이 우선이라고 생각했다.

매년 협업기업을 모아 2회 정도 SNS 홍보 교육을 실시했다. SNS 역량강화 교육을 통해 업체가 직접 홍보할 수 있는 능력을 갖추게 해 홍보비용을 절감할 수 있게 하였고, 아직은 능력이 부족해서 직접 홍보를 못하더라도 SNS 홍보가 왜 필요한지 체험적으로 느끼고, 합리적으로 활용할 수 있도록 하는 계기를 만들어주었다.

추가적인 홍보이벤트 지원

협업사업을 담당하게 되면서 그동안 협업사업의 성공사례로 주목받아 오던 디어블랑제를 방문했다. 사업장과는 별도의 공동 생산센터(협업사업장)를 마련하고 좋은 시설을 갖추어 대외적으로 잘 알려져 있었지만, 사업 진행이 매우 미진한 상태였고 설비 활용도는 낮은 편이었다. 게다가 추진주체는 사업을 포기하고 싶을 정도로 경제적·심리적

어려움을 겪고 있었는데 시설을 사장시키지 않기 위해서는 협업사업 활성화 지원이 절실했다.

몇 달간의 기획과 준비기간을 거쳐 노원구청과 협업으로 노원구 메인 거리에서 판촉 행사를 진행했다. 다양한 인터넷 홍보, 할인판매와 수익금 불우이웃돕기를 연계한 행사는 성공적으로 마무리되었고 디어블랑제 회원사는 다시 한번 협업의 의지를 다지게 되었다. 노원구와 도봉구에서 디어블랑제의 인지도는 높아졌고, 이를 계기로 10여 개 회원사가 디어블랑제 간판을 기존 간판에 추가로 설치했다.

홍보를 위한 큰 자산 '협업 우수사례집'

×

매 연말 경 시행한 협업 성공사례 발표회는 의외로 좋은 효과를 거두었다. 발표기업들에게는 사업 진행 과정을 정리하면서 부족한 부분을 되짚어보는 계기가 되었고, 성과를 발표하면서 자긍심을 느끼기도 했다. 또한 재단의 협업 지원사업 담당자가 성공사례를 소개하는 것이 아니라 협업 추진주체가 직접 자신의 경험을 이야기하고 공유하는 과정을 통해 다른 협업업체들은 보다 큰 도전 욕구를 가지게 되었다.

지원사업 홍보나 협업 촉진을 위해 협업 우수사례에 대해 자세하게 알릴 기회가 필요했으나 그동안은 '소상공인 지원사업 성공사례' 수기 형태로 연간 2건 정도가 소개되는 정도에 그쳤다. 이것만으로는 협업기업을 고무시키고 협업 욕구를 확대하기에는 역부족이라고 판단해 별도의 『협업사업 길라잡이』를 제작했다. 여기에 성공사례를 더 많이 소개하고 후반부에는 사업에 대한 자세한 정보를 실었는데, 사업설명회 때 이를 대대적으로 배포하면서 좋은 반향을 일으켰다.

『협업사업 길라잡이』는 성공사례에 나온 기업들에 대한 취재원 역할까지 하고 있다. 연말에 배포한 성공사례집을 보고 언론사들이 업체에 대한 추가 취재 요청을 하는 경우도 종종 생겼다.

매년 지원사업 세부 내용을 확인해야 한다

×

지금까지 그간 시행되어온 서울시 자영업 협업화 지원사업을 중심으로 협업사업을 하고자 하거나 진행 중인 업체들에게 도움이 될 수 있도록 전체 과정을 설명했다. 서울 외 다른 지자체의 사업은 지원 방향이나 지원내용, 추가적인 연계 지원사업이 이와 다를 수 있다.

또한 정부나 지자체의 예산으로 지원되는 사업은 그 내용이 매년 변경되는 경우가 많다. 사업이 통째로 없어지거나 새로운 지원사업이 생겨나기도 한다. 물론 자영업 협업화 지원사업의 경우 서울시는 10년간 지속해왔고, 다른 지방자치단체도 서울시의 제도를 벤치마킹해 도입을 늘려나가고 있다는 점에서 이 제도의 지속 가능성은 커 보인다.

이렇게 소상공인에 대한 협업 지원사업은 지방자치단체 예비협동조합 단계에서의 지원사업으로 자리를 다져나가고 있다. 소상공인 협동조합은 소상공인 보호와 육성 방향의 중심에 서 있는데, 협업에 대한 사전 경험이 없다면 협동조합 운영에 여러 문제가 생길 수밖에 없다. 이런 문제를 막으려면 예비협동조합 소상공인의 협업화에 대해 정부와 지자체가 많은 관심을 가져야 하며, 향후 관련 지원을 대폭 늘리고 또 지속적으로 지원이 되어야 할 것이다.

크라우드펀딩
지원사업 확인하기

제품의 아이디어나 시장성은 좋은 것으로 평가되나 제품 제작을 위한 자금 조달이나 홍보, 유통에 어려움을 겪는 소상공인이 유용하게 활용할 수 있는 방법이 크라우드펀딩이다. 여기에서 그 내용과 이와 관련한 지원사업에 대해 알아본다.

자금 조달과 홍보, 2마리 토끼를 잡다

×

페이퍼팝은 협업기업 중 크라우드펀딩을 가장 많이 활용하는 업체다. 종이를 소재로 책꽂이, 책상, 의자, 침대까지 만드는 혁신형 소상공인인 이 회사는 신제품을 개발하거나 시간적 여유가 있는 비수기에는 어김없이 텀블벅이나 와디즈의 크라우드펀딩을 이용한다.

페이퍼팝의 박 대표는 작은 기업에게는 자금 조달이나 홍보 면에서 이만큼 좋은 제도가 없다고 말한다. 신제품에 대한 시장 반응을 미리 알아볼 수 있고, 서포터즈와 소통하면서 제품의 개선점이나 좋은 아이디어를 얻기도 한다.

금천구에서 사업 중인 봉제업체 (주)진성에프씨는 와디즈 크라우드펀딩을 통해 코로나19로 인한 수주 감소 극복과 자체 브랜드 론칭을 동시에 이루었다. 이 대표는 봉제업종에 40년을 종사하면서 자체 브랜드 구축을 꿈꾸어오다 2010년에 자체 브랜드 제품을 만들어 판매를 시도했지만 1년 만에 정리하고 다시 의류 임가공, 납품에 주력할 수밖에 없었다. 그러다 2019년 협업 지원사업에 참여하면서 다시 기회가 찾아왔다.

패턴CAD 및 플로터를 지원받으면서 저렴한 비용으로 다양한 디자인의 의류 샘플을 만들어보며 자신감이 생겼고, 다른 협업기업의 크라우드펀딩 활용사례를 보며 차근차근 준비했다. 두려움도 있었지만 좋은 품질의 제품으로 진정성 있게 다가가면 통한다고 믿고 과감히 도전한 것이다.

양면으로 입을 수 있는 샤켓(Shacket, 셔츠와 재킷의 합성어)을 기획해 와디즈에 올렸다. 고객들은 만족했고 1차 펀딩에서 3,600만 원, 앵콜펀딩에서는 7,600만 원을 달성하는 성공적인 성과가 나타났다. 리워드 제품에 쟁이하우스라는 브랜드가 선명한 단추를 달면서 큰 희열을 느꼈다. 이제 그는 크라우드펀딩으로 제2의 도약을 꿈꾸고 있다.

아이디어가 좋거나 제품력이 뒷받침되는 기업이라면 적극적으로 크라우드펀딩 활용을 권한다. 자신이 생산한 제품을 좋아해주는 새로운 시장을 발견하는 기쁨을 누릴 수 있다. 협업기업 중에는 위에 소개한 사례 외에 가죽제품, 생활용품, 인테리어 소품 등을 생산하는 가죽공예, 금속공예 업체들이 크라우드펀딩을 많이 활용하고 있다.

크라우드펀드란 무엇인가?

크라우드펀드(Crowd-fund)란 대중을 의미하는 'crowd'와 자금을 뜻하는 'fund'가 합쳐져 만들어진 용어인데, 간단히 정리하면 '대중으로부터 조달한 자금'이다. 자금이 필요한 기업이나 개인이 일반적으로 이용하는 자금 조달 방식인 금융기관 대출이나 지분을 목적으로 하는 특정 투자자의 투자금이 아닌 일반 대중으로부터 조달된 자금인데, 그 조달 행위를 크라우드펀딩(Crowd-funding)이라고 한다.

크라우드펀드의 성격은 투자에 대한 보상의 내용에 따라 대출형, 후원·기부형과 증권형으로 각각 나누어지는데 이에 대해 살펴보자.

대출형, 후원·기부형, 증권형 크라우드펀드

권 대표는 기발한 아이디어 제품을 개발하고 있다. 시장성도 충분하고 지인의 유통망을 이용하면 판매도 잘될 것으로 예상하고 있는데, 문제는 제품 생산에 필요한 자금 조달과 제품을 일반 소비자에게 알리는 일이다. 무일푼으로 사업을 시작한 까닭에 금융기관으로부터 대출을 받거나 혹은 지인으로부터의 차용이나 투자도 기대할 수 없는 형편이다.

고민을 거듭하던 중 평소 왕래가 잦던 사업 선배를 통해 크라우드 펀딩에 대해 알게 되었다. 이것저것 망설일 이유가 없는 권 대표는 바로 크라우드펀드를 중개하는 온라인 사이트, 즉 크라우드펀딩 플랫폼에 접속했다. 제작하려는 제품의 정보를 비롯한 사업계획과 생산에 필요한 자금 및 상환계획 등을 제공하고 기다린 끝에 약 1개월 만에 희망하는 규모의 자금을 지원받았다.

이 자금의 원천은 크라우드펀딩 플랫폼에서 권 대표의 사업계획을 보고 사업성을 판단한 후 십시일반으로 투자한 개인들이다. 바로 개인과 개인 간의 금융, 즉 P2P대출을 권 대표가 이용한 것이다. 이런 방식으로 지원받을 수 있는 분야는 창업자금이나 아이디어의 사업화 자금, 부동산 투자금 등 다양한데, 크라우드펀딩 플랫폼의 홈페이지 등에서 다양한 활용사례를 찾아볼 수 있다.

권 대표는 지원받은 자금에 대해 소정의 이자를 지급하고 만기에 상환하기로 했는데 이것이 '대출형' 크라우드펀드다. 만일 음반을 제작하는 사업자가 크라우드펀딩으로 앨범 제작에 필요한 자금을 조달하고 이를 상환하는 대신 앨범과 앨범 제작에 도움을 주신 분들의 이름을 재킷에 올려주기로 했다면 이를 '후원형'이라고 한다. 후원형은 구매할 제품의 대금을 후원자(크라우드펀드 투자자)가 미리 지불하는 공동 구매 형식과 유사하기도 하다. 마지막으로 투자자에 대한 보상으로 회사의 지분을 주기로 했다면 이는 '증권형'이 되는 것이다.

크라우드펀딩은 어떻게 활용할 수 있을까?

✕

크라우드펀딩의 장점은 앞서 말한 대로 복잡한 절차 없이 사업 아이디어만으로 초기에 필요한 자금을 조달할 수 있다는 것이다. 그 외에도 크라우드펀딩 플랫폼을 통해 회사나 제품을 홍보하는 기회를 얻을 수도 있고, 투자자를 잠재고객으로 유치할 수 있다는 이점도 있다.

자금이 필요한 기업이 크라우드펀딩을 하기 위해서는 우선 크라우드펀딩 플랫폼에 접속해 사업계획과 필요자금, 상환방식 등에 대한 정보를 제공해야 한다. 현재 운영 중인 대표적인 증권형 크라우드펀딩 플랫폼으로 IBK금융그룹의 IBK투자증권 크라우드펀딩이 있다. 창업자금이나 아이디어의 사업화를 위해 지분 투자자가 필요한 업체가 이 플랫폼을 이용해 투자를 받기 위해서는, 해당 사이트에 회원가입을 한 후 기업정보와 사업계획 등의 내용을 등록하면 사업심사를 거쳐 일반 개인이나 전문 투자자로부터의 투자금을 받을 수 있다.

만일 대출형이나 후원형 펀딩을 희망하는 업체라면 그에 적합한 다른 플랫폼을 찾아 진행하면 된다. 잘 알려진 국내 크라우드펀딩 플랫폼으로는 텀블벅, 와디즈 등이 있고 이외에도 펀드 성격별로 많은 플랫폼이 운영되고 있다.

크라우드펀딩 지원사업을 확인하라

×

자금이 필요한 업체는 각 펀딩플랫폼이 자신이 하고자 하는 사업내용에 적합한 펀드를 중개하는지 등을 알아보고 구체적으로 어떤 펀드모집 사례들이 있는지, 사업이나 회사에 대한 소개는 어떻게 하고 있는지, 실제 성공사례는 어떤 것들이 있는지 등도 파악해 적극적인 활용을 검토할 필요가 있다.

정부기관이나 지자체에서 중소기업, 소상공인에 대한 지원방안의 일환으로 크라우드펀딩 지원사업을 시행하는 경우가 있다. 이런 사업의 경우 사업시행기관에서 참여업체에 대한 부수적인 홍보 지원이나 기타 추가적인 정책적 지원도 기대해볼 수 있으므로 늘 어떤 지원사업이 시행되고 있는지 정보수집 노력을 게을리하지 않아야 한다. 그리고 정보수집을 위한 채널도 확대해나가야 할 것이다.

크라우드펀딩 플랫폼 소개

플랫폼	주소	특징
텀블벅	tumblbug.com	• 후원·기부형 펀드에 강점
와디즈	wadiz.kr	• 후원·기부형 및 증권형 플랫폼
IBK투자증권 크라우드펀딩	crowd.ibks.com	• IBK 금융그룹 계열사
오마이컴퍼니	ohmyfunding.com	• 후원·기부형 및 증권형 플랫폼 • 농식품 전용관 운영
유진투자증권 크라우드펀딩	crowd.eugenefn.com	• 증권형 플랫폼
오픈트레이드	otrade.co	• 2만여 명의 개인투자자를 회원으로 보유
크라우디	ycrowdy.com	• 후원·기부형 및 증권형 플랫폼
키움 크라우드	crowd.kiwoom.com	• 중소, 벤처기업 및 스타트업에 대한 서비스에 특화
펀딩포유	funding4u.co.kr	• 후원·기부형 및 증권형 플랫폼

지금 당장 포기할 수밖에 없을 것 같은
극단적인 상황에 몰려 있는 소상공인들이
마지막으로 기대할 수 있는 것, 그것은 바로 협업이다.

PART 5

협업으로 성장하고 협동조합으로 도약하라

협업화 사업은
협동조합을 위한 디딤돌

소상공인의 협업활동에 대한 정부 및 지자체의 무상지원금은 소상공인시장진흥공단의 지원 규모가 가장 크고 동 기관은 협동조합 법인체에 대해 직접 지원하고 있다. 서울시 등 지방자치단체는 소상공인으로 구성된 임의의 협업체에 지원하고 있다는 점에서 이와 다르다.

협동조합 전 예비협동조합 단계

×

지방자치단체가 협동조합 설립 전 단계의 임의조직인 '협업체'를 지원하는 이유는 무엇일까? 이는 당장 시급한 소상공인의 사업경쟁력 향상을 위한 목적도 있지만, 소상공인이 2~3년간 협업활동을 통해 협업의 필요성을 직접 체험한 후에 협동조합을 설립하라는 의미도 있다.

말하자면 지방자치단체의 소상공인 협업화 지원사업은 예비협동조합 단계에 대한 지원이라고도 할 수 있다. 그러면 예비협동조합 단계에 대한 지원은 왜 필요한 것일까?

2020년 3월 기획재정부가 발표한 협동조합 운영 실태조사(2018년 말 기준) 결과에 따르면 설립된 협동조합 중에 46%가 운영이 안 되는 것으로 조사되었다. 사업자 미등록이 1,404개, 사업 중단 1,698개, 폐업 조합도 2,864개에 이른다. 공식적인 통계로도 설립된 협동조합의 절반 정도가 운영되지 않고 있는 것이다. 현장을 직접 다니는 전문가들의 의견에 의하면 더 심각하다. 실제 정상적인 기업활동을 하는 협동조합은 약 10% 안팎이라고 한다. 협동조합이 무엇인지도 모르고 단순히 정부지원금을 목적으로 설립된 곳이 많음을 짐작할 수 있다.

협동조합을 설립하고도 운영하지 않거나 설립 시 생각했던 것과 달라 조기에 폐업한다면 국가재정의 낭비가 발생한다. 협동조합에 대한 부정적인 인식도 커질 수밖에 없다. 그래서 사전에 협업을 직접 체험해보고 그 필요성을 느낀 협업 DNA가 있는 사장님들로 협동조합을 구성하는 것이 매우 중요하다.

소상공인의 장기 협업을 위한 협동조합

×

사실상 소상공인이 본인의 사업을 유지하면서 장기적으로 협업활동을 하는 데는 협동조합 시스템이 가장 적합하다. 임의의 협업조직인

서울시 자영업 협업기업을 중심으로 설립된 협동조합

설립연도	조합명	업종	주요품목
2014년	나눔유통협동조합	유통업	식품/잡화
2015년	한국가죽산업협동조합	제조업	가죽제품
	방산시장포장인쇄협동조합	제조업	포장패키지
2016년	서울주얼리디자인협동조합	제조업	패션주얼리
2017년	한국패키지아이티협동조합	제조/유통업	포장패키지
2018년	서울역수제화 사회적협동조합	제조업	수제화
	온도도시협동조합	제조업	공예/디자인
2019년	봉제디자인이음협동조합	제조업	의류/봉제
	한국현악기제작협동조합	제조업	현악기
	온디맨드디자인협동조합	제조/도소매	패션의류
	상암소상공인외식업 협동조합	음식업	한식/일식
	서울소상공인 협동조합	도소매업	식품/잡화
2020년	협동조합 동네앤창고	도소매업	농산물/식품류
	경동시장인삼협동조합	도소매업	인삼

협업체의 협업은 협업을 본격적으로 하기 위한 훈련 과정일 뿐 장기적으로 협업활동을 계속 하기에는 부족한 점이 많다. 그래서 서울시 자영업지원센터는 지원을 받은 협업체를 중심으로 협동조합을 설립하도록 교육 및 지도를 꾸준히 실시해왔다.

이에 힘입어 그동안 14개의 협동조합이 설립되었다. 방산시장, 종로귀금속단지, 봉제업체가 밀집한 클러스터에서는 2~4개의 협업체에

속해 있던 기업들이 헤쳐 모여 1개의 협동조합을 설립한 사례도 있다. 이렇듯 협업 경험은 협동조합 설립에 중요한 디딤돌이 되고 있다.

또한 이렇게 협업을 경험한 이후에 설립된 협동조합들은 거의 대부분 정상적으로 운영되고 있다. 협업 경험이 없는 업체들이 모여 설립한 조합보다 생존율이 높고 활동이 왕성한 것은 당연할 것이다.

소상공인 협동조합으로
경쟁력을 높여라

소상공인이 살아남기 위한 효율적 방법으로는 전문화와 협업화가 있다. 재능과 인내력이 요구되는 전문화는 시도하는 업체가 이미 그 능력을 바탕으로 성공을 거두었거나 자립 능력이 있으므로 일반적인 소상공인의 생존 전략은 협업화가 유일해 보인다. 「협동조합기본법」에는 협동조합을 정의하고 그 설립과 운영에 관해 규정하고 있는데, 대기업이나 중견기업이 협동조합을 구성할 가능성이 적은 만큼 이것은 소상공인 협동조합이라고 해도 무방하다.

프랜차이즈에 대항하는 동네 가게 경쟁력

×

프랜차이즈 가맹점도 소상공인이긴 하지만 그들은 체인을 관리하는 본사가 존재하고 있는 만큼 별도의 협의체가 필요하지는 않다. 대기업이 직영하거나 대기업 브랜드를 사용하는 프랜차이즈에 소속되지 않은 동네 가게는 경쟁력을 잃고 도산하고 있다.

홍보만 하더라도 대형 프랜차이즈는 그 분야의 전문가가 기획해 체계적으로 하고 있다. 유명 아이돌이 선전하는 피자와 어설프게 메뉴판처럼 만든 전단지가 홍보의 전부인 동네 피자의 경쟁은 그 결과가 불을 보듯 뻔하다. 프랜차이즈 빵집 등에서는 아이들이 좋아하는 장난감 시리즈물을 미끼나 홍보상품으로 제공해 구매 욕구를 자극한다. 그렇지만 동네 빵집은 이런 선물을 주려고 해도 단위비용이 더 많이 들어 손해를 보기 십상이다. 또 요즘은 SNS 시대라고 해서 블로그, 페이스북, 인스타그램, 카카오스토리 등 다양한 매체가 등장했지만 이것을 이용해 홍보를 할 정도의 능력을 갖추고 있는 소상공인은 거의 없다.

이런 상황에서 자영업자가 경쟁력을 갖추는 거의 유일한 방법은 같은 처지에 있는 자영업자들과 힘을 합치는 것, 즉 협업이다. 외국에서는 이런 소상공인들이 협동조합을 결성해 세계적인 명품 자동차, 명품 치즈 등을 함께 만들어 대기업보다 더 큰 경쟁력을 확보하기도 했다.

소상공인 협동조합, 먼저 협업을 배워야

✖

협동조합은 민주적 운영절차가 장점인 반면 소유 개념이 나누어져 있는 만큼 주인의식을 갖고 적극적으로 추진하는 리더로 나서는 조합원이 꼭 필요하다. 협동조합을 운영해본 사람들은 "요리를 할 생각은 없고 숟가락만 들고 있는 사람들만 많을 수 있다."는 말에 공감할 것이다. 수익이 발생하기 전에는 무관심하다가 수익이 발생하면 이익을 챙기기 위해 벌떼처럼 달려들 수 있다는 것이다.

이는 우리나라 협동조합의 역사가 짧아 협업에 대해 배울 시간이 부족했기 때문이다. 주식회사 형태의 회사에 익숙하다 보니 이익배분에 관심이 많을 수밖에 없다. 이탈리아나 스페인, 프랑스 같은 나라에서 협업의 필요에 의해 협동조합을 만들고, 그 운영 과정과 성과를 통해 협업이 궁극적으로 모두에게 도움이 된다는 사실을 체득하는 것과는 비교가 된다.

「협동조합기본법」에 근거해 만들어진 소상공인 협동조합 이사장들을 만나보면 조합원의 무관심 또는 과도한 관심에 힘들어한다. 법이 시행된 지 8년이 지난 지금 "협업은커녕 처음부터 시작을 하지 않는 것이 더 나을 뻔했다."라는 말도 심심치 않게 들을 수 있다. 이익을 내기 위해 필요한 투자와 비용 분담, 업무 참여는 회피하거나 무관심하다가 이익이 발생하면 자기 몫을 더 챙기기 위해 장부공개를 요구하는 등 과도할 정도로 관심을 보이기 때문이다. 이로 인해 조합원 간 분쟁이 많아지니 "수익이 발생하지 않을 때가 오히려 수익이 발생했을 때보다 낫다."라는 생각까지 하게 된다.

특히 소상공인 협동조합의 경우 각자가 사업을 운영하고 있다 보니 협동조합보다 자기 회사의 수익에 더 큰 관심을 가질 수밖에 없다. 심지어는 협동조합에서 수주하던 것을 자기 회사에서 수주할 수 있도록 발주업체에 작업을 하다가 큰 다툼이 생기기도 한다. 이런 일들이 쌓이면서 조합원들 사이에서 감정의 골이 깊어지고, 결국 분쟁으로 비화되기도 한다.

소상공인 협동조합에서 이런 문제들이 나타나는 것은 정부의 지원 제도를 악용하는 탓도 있다. 정부는 소상공인 협동조합을 활성화하기 위해 여러 가지 지원사업을 하고 있는데 그중 공동 시설, 공동 브랜드 등을 지원하는 사업이 있다. 이 사업이 소상공인 협동조합의 숫자를 대폭 늘리는 데 기여한 것은 사실이나, 지원을 받을 목적으로 급조된 조직에서 실질적이고 원만한 협업을 기대하기는 어려웠다.

소상공인이 대기업에 비해 경쟁력이 약한 이유 중 하나가 낮은 브랜드 인지도라는 판단에서 시작한 공동 브랜드 사업은 결론적으로 효과를 보기 힘들었다. 대기업은 브랜드를 만든 후 엄청난 홍보비용을 쏟아 붓는 데 비해, 소상공인은 지원받은 브랜드를 홍보할 여유가 없을 뿐만 아니라 각자 자기 회사를 알리는 데만 더 많은 관심을 보였기 때문이다.

이렇듯 협업의 필요성을 먼저 인식하고 자발적으로 협동조합을 설립한 외국의 소상공인과는 달리 정책에 따라 급히 만들어진 소상공인 협동조합은 협업에 대해 배울 시간이 부족했고, 지원의 효과도 나타나지 않았다. 그렇다고 이 제도가 나쁘다는 이야기는 아니다. 다만 소상공인 간의 협업이 소기의 성과를 거둘 수 있도록 하기 위한 제도적 보완이 필요하다는 말이다.

협력을 통해 밝은 미래를 볼 수 있다

×

이러한 문제로 협동조합 제도에 대해 실망하는 것은 아직 이르다. 우리나라 협동조합의 역사는 이제 5년이 넘었을 뿐이고, 양적 확대에 비례해 우수한 모범 협동조합들도 서서히 나타나고 있기 때문이다. 이러한 모범사례를 통해 외국이 아닌 우리의 상황에 최적화된 소상공인 협동조합의 모델을 찾을 수 있을 것이다.

소상공인 협동조합은 협력을 배우는 것에서부터 시작해야 한다. 우선 독자생존을 추구할 때 과연 생존이 가능한가를 판단해보고, 그렇지 않다면 같은 어려움에 처한 기업들이 협력할 경우 어떤 효과가 있을지를 살펴보아야 한다. 혼자서는 하지 못하는 일을 함께하면 할 수 있고, 경쟁력도 확보할 수 있으며, 실제로 매출과 이익의 증대가 가능하다면, 당연히 그 길을 가야 할 것이다. 동업종 간 또는 이업종 간 협업했을 때 시너지가 발생할 수 있는 협업모델이 꾸준히 제시되고, 성공사례가 지속적으로 나타난다면 진정한 의미와 가치가 있는 소상공인 협동조합이 늘어날 것이다.

결국 이러한 일이 가능하기 위해서는 지원업무를 담당해줄 협동조합도 요구되고, 소상공인시장진흥공단과 같은 기관에서는 협업모델을 개발해 제시하는 부서나 자문기구를 만들어 지원할 필요가 있다. 또 이미 수백 년간의 역사를 갖고 있는 협동조합 강국에서는 어떻게 지원했고, 그 결과는 어떠했는지를 분석해 성공한 사례를 우리 실정에 맞게 벤치마킹해야 한다.

협동조합이란
무엇인가?

협동조합은 기업 간의 협업을 추구하기 위해 제도적으로 법인격을 부여한 조직이다. 「협동조합기본법」 제2조 제1호에 협동조합이란 "재화 또는 용역의 구매·생산·판매·제공 등을 협동으로 영위함으로써 조합원의 권익을 향상하고 지역 사회에 공헌하고자 하는 사업조직"이라고 규정한다. 우리나라에서 협동조합은 공동의 목적을 가진 5인 이상이 모여 조직한 사업체로서 그 사업의 종류와 제한이 없다. 단, 금융 및 보험은 제외된다.

국제협동조합연맹(ICA)에서는 협동조합을 "공동으로 소유되고 민주적으로 운영되는 사업체를 통해 공통의 경제적·사회적·문화적 필요와 욕구를 충족시키고자 하는 사람들이 자발적으로 결성한 자율적인 조직"이라고 정의함으로써 협동조합이 단순한 친목단체가 아니라 사업체라는 것을 분명히 하고 있다. 미국 농무부(USDA)에서는 "이용자가 소유하고 통제하며 이용 규모를 기준으로 이익을 배분하는 사업체"라고 정의했다.

민주적 조직인 협동조합에 법인격이 부여되다

2012년 12월 1일 「협동조합기본법」이 발효되었다. 이로써 우리나라에서도 협동조합이 법적으로 권리와 의무의 주체가 될 수 있는 토대가 마련되었다.

그 이전까지만 해도 경제활동을 하기 위해서는 개인이 사업자등록을 하거나 상법상의 회사를 설립하는 방법밖에 없었다. 그러니 동창 5명이 모여서 사업을 하려고 하면 그중 1명을 대표로 뽑고, 그 사람을 중심으로 사업을 할 수밖에 없었다. 그 결과 책임이 개인에게 집중되다 보니 주요결정은 대표가 해야 했고, 나머지 참여자들은 사업 운영에서 소외될 수밖에 없었다.

주식회사의 경우도 주주가 아무리 많아도 결국 주식을 많이 보유한 사람에 의해서 의사가 결정된다. 그러니까 이전의 조직형태로는 사업 참여자들이 동등한 자격으로 의사결정을 하는 것이 어려웠다.

출자금, 즉 돈의 많고 적음이 아니라 각 개인 하나하나가 동등하게 존중받는 조직 형태는 없을까? 이미 이런 유사한 형태의 조직들이 많이 있었으나 실체가 인정되지 않는 임의의 조직이어서 은행에서 통장을 하나 개설하기도 어려웠다. 그래서 어느 개인이 통장을 개설하고 공동으로 관리하는 등 활동에 불편한 점이 많았다. 유능한 개인들이 협업으로 공공기관의 일을 수주하려고 해도 누구에게 주어야 하는지도 문제였다. 법적인 대표성이 없는 것이다.

자유직으로 있는 강사들이 모여 서울시의 교육 프로그램을 운영하기로 할 경우 서울시도 강사들도 모두 곤혹스럽다. 강의나 강의료를 배정하거나 지급해야 하는데 개인에게 줄 수도 없고, 개인들도 어느 특정인의 통장으로 돈이 들어오는 것을 원하지 않을 것이기 때문이다.

이런 문제가 발생하는 것은 바로 법인격이 없기 때문이다. 법인격이 있다는 것은 법적 행위를 할 수 있는 독립된 주체라는 의미인데 「협동조합기본법」 시행으로 협동조합에도 법인격이 부여되게 되었다.

돈에 의한 지배가 아닌 공동이익과 협력 강조

×

협동조합 조합원은 본인의 출자자산에 한정된 유한책임을 진다. 가입과 탈퇴는 자유롭고 배당도 투자금액이 아닌 이용 실적 등에 따르며, 개인의 출자 규모와는 무관하게 의사결정에서 1인 1표제가 적용된다. 즉 돈에 의한 지배가 아닌 참여자들 공동의 이익, 협력이 강조되는 민주적인 조직인 것이다.

소비자 협동조합을 설립하면 소비자는 유기농산물 등 원하는 맞춤형 물품, 의료·돌봄·보육 등 서비스를 저렴하게 구매할 수 있어 편익이 증가한다. 생산자는 소비자 협동조합 등과 연계해 직거래 및 사전

계약재배 등을 통해 안정적이고 높은 수익이 보장되고, 근로자는 직원으로 구성된 협동조합을 설립함으로써 고용불안 문제를 해결하는 것은 물론 임금수준의 향상도 기대할 수 있다.

우리나라에서는 그동안 농업·산림·수산 등 일부 산업에 정부주도적으로 협동조합 설립을 엄격하게 묶어두었다. 그러다가 「협동조합기본법」이 제정되면서 법인격이 부여된 일반 협동조합을 통해 경제의 활력을 높이고, 사회서비스 등 기존 복지체계에 민간의 참여기회를 확대했다.

협동조합이 늘어나면 창업 활성화를 통한 일자리 확대, 유통구조 개선을 통한 물가안정, 경제위기 시 충격 완화 등의 경제적 효과를 기대할 수 있으며, 취약계층에게 일자리 및 사회서비스를 제공해 복지 시스템을 보완하고 일을 통해 복지에 기여하는 사회적 효과도 기대할 수 있다. 또 민주적 운영 방식에 따라 의사결정에 조합원의 참여를 보장해 구성원의 만족감, 주인의식 등을 높일 수 있다.

협동조합의 7대 원칙

×

국제협동조합연맹(ICA)이 천명하는 협동조합 7대 원칙을 살펴보면 협동조합이란 무엇인가에 대한 이해를 더 쉽게 할 수 있다. 이 원칙은 1995년 ICA 100주년 총회에서 발표된 협동조합의 정체성에 대한 선언(Statement on the Co-operative Identity)에서 소개되었는데, 그 내용은 아래와 같다.

1. 자발적이고 개방적인 조합원 제도
   - 협동조합은 자발적이며, 모든 사람들에게 성적·사회적·인종적·정치적·종교적 차별 없이 열려 있는 조직
2. 조합원에 의한 민주적 관리
   - 조합원들은 정책수립과 의사 결정에 활발하게 참여하고 선출된 임원들은 조합원에게 책임을 갖고 봉사
3. 조합원의 경제적 참여
   - 협동조합의 자본은 공정하게 조성되고 민주적으로 통제
   - 자본금의 일부는 조합의 공동재산이며, 출자배당이 있는 경우에 조합원은 출자액에 따라 제한된 배당금을 받음
   - 잉여금은
     ① 협동조합의 발전을 위해 일부는 배당하지 않고 유보금으로 적립
     ② 사업이용 실적에 비례한 편익제공
     ③ 여타 협동조합 활동지원 등에 배분
4. 자율과 독립
   - 협동조합이 다른 조직과 약정을 맺거나 외부에서 자본을 조달할 때 조합원에 의한 민주적 관리가 보장되고, 협동조합의 자율성이 유지되어야 함

5. 교육, 훈련 및 정보 제공

  - 조합원, 선출된 임원, 경영자, 직원들에게 교육과 훈련을 제공

  - 젊은 세대와 여론 지도층에게 협동의 본질과 장점에 대한 정
    보를 제공

6. 협동조합 간의 협동

  - 국내, 국외에서 공동으로 협력 사업을 전개함으로써 협동조합
    운동의 힘을 강화시키고, 조합원에게 효과적으로 봉사

7. 지역사회에 대한 기여

  - 조합원의 동의를 토대로 조합이 속한 지역사회의 지속 가능한
    발전을 위해 노력

민주적 운영 방식과 영리법인

×

「협동조합기본법」에는 협동조합의 설립·운영에 관한 기본적인 사항
을 규정해 자주적·자립적·자치적인 협동조합 활동을 촉진하고 사회
통합과 국민경제의 균형 있는 발전에 기여함을 목적으로 하고 있다.
또한 법인격 부재로 인한 활동상 제약을 해소함으로써 경제적·사회적
수요를 반영하기 위해 제정되었다.

　「협동조합기본법」을 살펴보면 협동조합에 대해 보다 명확하게 알
수 있다.

　법은 1인 1표제를 규정하고 있다. 출자액수에 관계없이 1인 1개의

의결권과 선거권을 부여해 주식회사와는 대별되는 민주적 운영을 규정하고 있다.

또한 영리와 비영리 부분의 정책 수요를 모두 반영해 일반협동조합과 사회적협동조합으로 분류했고, 3개 이상의 협동조합이 모이면 협동조합연합회를 설립할 수 있도록 해서 협동조합이 활성화될 수 있도록 했다.

기존의 주식회사나 비영리법인과는 달리 소액·소규모 창업, 취약계층 자활을 통한 공생발전 모델을 제시해 양극화 해소, 서민경제 활성화의 대안모델이 되도록 했다. 또 5인 이상이면 누구나 설립할 수 있게 해 소규모로도 활동이 가능하도록 했다.

또 협동조합 정신을 반영해 협동조합 기본원칙을 제시하는데 조합원을 위한 최대 봉사, 자발적 결성, 공동 소유, 민주적 운영, 투기 일부 조합원 이익추구 금지 등을 제시한다.

한편 7월 첫 토요일을 협동조합의 날로 정하고 그 전 일주일간을 협동조합주간으로 각종 행사와 기념식 등을 하도록 해서 협동조합 활성화가 촉진되도록 했다.

이 법은 또 농업협동조합(농협), 수산업협동조합(수협), 신용협동조합(신협), 소비자생활협동조합(생협), 엽연초생산협동조합, 중소기업협동조합, 산림조합 및 새마을금고 등과 일반 협동조합법과의 관계를 정립하는 내용을 담고 있다.

「협동조합기본법」에서 가장 유의미한 부분은 바로 협동조합 조직에 법인격을 부여함으로써 다양한 활동이 가능하게 되었다는 것이다.

기존에 상법상 회사인 주식회사 등, 민법상 법인인 사단법인 등 이외에 새로운 사업 형태인 협동조합에 법인격을 부여한 것이다.

일반협동조합은 영리법인이며, 시·도지사에게 신고하고, 금융 및 보험업을 제외하고는 업종 및 분야의 제한이 없다. 또한 잉여금의 10/100 이상을 법정적립금으로 적립해야 하고, 배당을 할 수 있으며, 정관에 따라 잔여재산을 처리할 수 있다.

이에 비해 사회적협동조합은 비영리법인으로 설립 시 기획재정부 또는 관계부처의 인가가 필요하고, 공익사업을 40% 이상 수행하며 지역사회 재생, 주민권익 증진 사업, 취약계층에 대한 사회서비스, 일자리 제공, 국가·지자체 위탁사업, 기타 공익 증진사업을 할 수 있다. 잉여금의 30/100 이상을 법정적립금으로 적립하고, 배당이 금지되며, 청산 시 재산은 국고에 귀속된다.

서민과 지역경제 활성화에 기여하다

×

우리나라 협동조합 정책의 총괄 조정 역할은 기획재정부가 수행하고 각 부처는 소관분야의 사회적협동조합의 설립인가 감독 업무를 한다. 시·도는 일반협동조합의 신고 수리를 담당하며, 2년에 한 번씩 협동조합 관련실태를 조사하고, 기본계획 등 정책수립, 인가, 감독 등을 협의하기 위해서 관계기관과 정책협의를 실시한다.

「협동조합기본법」 제정은 다양한 분야에서 새로운 협동조합의 설립, 운영을 자유롭게 해서 서민과 지역경제를 활성화하고 지역 단위의 새로운 일자리를 창출해 국민 경제 발전에 기여할 것으로 기대된다. 민주적인 경영, 조합원 편익 우선, 지역사회 기여 등 윤리경영과 상생 번영의 시대정신이 반영된 협동조합이 활성화되면 새로운 경제사회 발전의 대안모델로 확산될 것이다.

이렇듯 협동조합 관련 분야를 포괄 규정한 「협동조합기본법」은 UN이 정한 '협동조합의 해'인 2012년 제정되어 개도국으로 파급되는 효과가 있었으며, 법 제정 후 여러 분야에서 다양한 형태의 협동조합 이 만들어져 전방위적인 경제활동에 독립된 경제 주체로서 활발히 활 동하고 있다.

다양한 분야와 형태로 나타나는 협동조합

✕

협동조합을 통해 사회적기업 등에 국한되던 복지사업을 보완하고 복 지 전달체계를 개선하며, 일하는 복지를 구현할 수 있다. 소규모 창업 을 활성화할 수 있어 청년창업 등이 확산되고 있으며, 새로운 일자리 를 창출하고, 다양한 경제수요를 충족한다. 자영업자 협동조합은 자영 업자 간 협력과 협업, 공동 구매 등 경쟁력을 제고하고, 재래시장 상인 을 지원하며, 지역경제를 활성화하는 역할을 하고 있다.

또한 새로운 분야에서도 협동조합 설립이 가능해졌다. 세계적으로 도 생산자, 소비자, 근로자, 신용, 보험, 주택, 스포츠 등 다양한 사업과 업무 영역에서 활성화되어 있다.

　복지·육아 등 사회서비스 분야에서는 자활단체, 돌봄노동, 대안기업, 보훈단체, 사회복지단체 등 복지, 공동 육아, 공동 구매 등을 위한 협동조합 설립이 진행되고 있다.

　직원협동조합으로는 대리운전, 청소, 세차, 경비, 집수리, 배달서비스, 시간강사, 대학병원 전공의, 각종 비정규직, 실업자, 노숙자, 화물운송 노동자, 캐디, 학습지교사, 전통시장, 마을기업, 음식점, 소매업 등 여러 분야에서 협동조합 설립이 이루어지고 있다.

　경제·사회 영역에서는 대학생창업, 소액창업, 공동연구, 벤처, 문화, 예술, 체육, 시골, 봉사, 문화교실, 종교, 소비자단체, 마을버스, 실버타운, 공동주택, 환경, 축구단 등의 협동조합 설립이 진행되고 있다.

바람직한 협업의 목표,
협동조합을 만들자

협업의 가장 바람직한 형태인 협동조합을 만들고자 한다면 어떻게 하면 될까? 협동조합 설립은 법인격을 부여하는 행위인 까닭에 법에서 정한 절차를 따라야 한다. 「협동조합기본법」이 만들어지면서 그 절차가 간편해졌는데, 이제부터 전반적인 내용을 살펴보겠다.

5명이 함께 공동의 목표를 만들어라

×

「협동조합기본법」에는 협동조합 설립에 필요한 최소인원을 5명으로 정하고 있다. 즉 5명만 모이면 협동조합을 만들 수 있다는 것이다. 그러니 우선 뜻이 맞는 5명(발기인)이 모이는 것이 중요하다. 그런 다음 어떤 조직을 만들고 사업을 할지 뜻을 모으는 과정이 필요한데, 이것을 발기인 대회라고 한다.

발기인 대회 시 회의록을 작성해야 한다. 그리고 총회를 열기 위해 대표를 선출해야 하고, 선출된 대표를 중심으로 발기인들이 조합 총회를 준비하게 된다. 이때 중요한 것은 모인 목적을 분명히 하고 어떤 사업을 할지를 정하는 것이다.

협동조합은 정관에 동의하는 누구에게나 참여를 보장해야 하며, 탈퇴도 막을 수 없다. 그래서 총회 일정을 주사무실에 일정기간 공고해야 한다. 총회 전까지 정관을 만들고, 사업계획서도 만들어야 한다. 이런 내용들은 총회에 보고되고, 나중에 신고기관에 제출해야 하므로 미리 꼼꼼히 준비할 필요가 있다.

협동조합은 협업을 위한 툴이므로 이런 준비 과정도 그냥 형식적인 절차로 여기기보다는 민주적 운영 과정을 연습하는 것이라고 생각하고, 절차대로 성실히 이행해보자. 상호 간 협의 과정 없이 외부의 대리인에 의해 서류 절차가 마무리된다면 조합 설립 후에 사소한 의견 차이로 큰 문제가 발생할 소지도 있다.

또한 정관을 만들 때 조합원 의무사항이나, 탈퇴 시 절차, 수익배분구조 등 사소한 것들도 가능하면 구체적으로 정해둬야 이후 분쟁을 줄일 수 있다. 출자금은 얼마로 할 것인지, 임원은 몇 명으로 하고, 그 임기는 몇 년으로 할지 등의 내용도 정해야 한다.

총회 운영과 정관, 사업계획서 작성

×

총회를 통해 정관이 확정되면 협동조합이 설립된다. 총회 진행은 발기인 대표가 주관하며 정관을 통과시킨 후 정관에 의해 이사, 감사, 이사장을 선출한다. 또한 미리 만들어둔 규약이 있으면 이도 통과시켜둔다. 총회 회의록을 작성해둬야 하는데, 이는 나중에 등기를 할 때 필수 서류이므로 미리 서명날인 해두는 것이 좋다. 사업계획서도 의결해 조합이 할 사업도 확정한다. 이런 절차로 총회가 잘 마무리되면 이제 관계기관에 신고 및 등기를 해야 한다.

일반협동조합은 지방자치단체에 설립 신고를 하면 되는데, 대부분 기초지방자치단체에 위임되어 있다. 예를 들어 서울시의 경우 주사무소가 있는 관할구청에 신고하면 된다. 서류 등에 이상이 없을 경우 신고필증을 발부해준다.

신고를 편하게 하려면 서울시 협동조합지원센터 또는 기획재정부 협동조합 홈페이지에 있는 정관, 사업계획서 샘플을 다운받아 그중에서 필요한 부분만 수정하는 것이 가장 간편하다. 신고 수리기관에서는 정관을 만들 때 표준정관을 거의 그대로 사용하는 것을 선호한다. 표준정관을 많이 고칠 경우 「협동조합기본법」을 준수하고 있는지 파악하기 어렵기 때문인 것으로 보인다. 사업계획서도 마찬가지다.

표준정관을 이용할 때 조합의 설립목적, 사업내용, 임원의 수 및 임기를 수정하면 된다. 사업내용도 표준정관에 있는 항목을 대부분 그대로 두되 조합에서 하려는 사업을 추가하면 된다. 이는 법에서 의무적으로 정한 사업내용을 정관에서 누락하지 않기 위한 방법이라 이해하면 된다.

협동조합 설립 신고와 준비할 사항

신고와 등기는 법적 절차다. 법무사의 도움을 받는 것도 좋지만 각 지자체별로 지원기관이 있어 수시로 문의해 도움을 받을 수도 있다. 관할 기초지자체의 협동조합 담당자를 미리 만나 대화를 해보는 것도 좋다. 어차피 그들은 협동조합을 지원하기 위해 그 자리에 있는 것이기에 서로 좋은 관계를 유지하도록 하자.

신고서류는 꼼꼼히 챙겨 누락되는 일이 없도록 해야 한다. 회의록은 등기를 위해 공증을 받아야 하는데 신고하기 전에 미리 공증을 받으면 잘못 작성되었을 경우 신고 과정에서 다시 공증을 받아야 하기 때문에 복잡해질 수 있다. 그러니 담당자에게 미리 검토를 받아보도록 하자.

회의록 공증을 받을 때 위임장에는 주로 1장에 3명까지 쓸 수 있으나 1장에 1명씩 쓰는 것을 추천한다. 장수는 많아지지만 혹시 서류가 잘못된 경우 해당 조합원의 인감도장만 다시 받으면 되기 때문에 편하다. 실제로 공증을 해본 사람들은 알겠지만, 인감도장을 받으러 여러 곳을 오랜 시간을 들여 다니는 경우가 많다.

미리 공증사무소에서 검토를 받고 회의록을 작성하는 것도 나중에 수정해야 하는 불편한 절차를 줄일 수 있는 방법이다. 즉 총회 전에 예상 회의록을 작성해 공증사무소에 자문을 받은 뒤 이를 반영하면 실수를 줄일 수 있다. 엄밀히 따지자면 회의록 내용이 잘못되었을 경우 총회를 다시 열어야 하기 때문이다. 회의록, 신고서류, 등기서류 등을 작성하는 방법도 지원기관 홈페이지에 가면 다운받을 수 있으므로 그 내용을 잘 확인해 조합에 맞게 수정하면 편리하다.

일부 공증사무소는 상법상의 주식회사와 협동조합의 차이를 잘 몰라 서류를 다시 만들라고 하는 곳도 있는데, 이 경우 지원기관 담당자와 연결해주면 그 내용을 공유해 해결되기도 한다.

마지막 절차, 등기

×

신고가 완료되어 신고필증이 나오면 법원에 등기를 해야 한다. 공증을 받은 회의록, 정관, 신고필증, 출자금 통장 잔고 증명서, 임원승낙서, 취임 임원 인감증명서, 법인 인감대지 등을 준비했으면, 이제 주소지 관할 등기소에 등기서류를 제출하면 된다.

이때 등기소를 바로 가면 낭패다. 서류 제출 시 영수필증이 2개가 필요한데 하나는 관할 기초자치단체에 납부하는 등기세고, 또 하나는 수입증지다. 그러니 등기소를 먼저 갈 경우 다시 지자체로 가서 등기세를 납부해야 하는 일이 생긴다. 서울의 경우 관할구청에 가서 법인 설립을 위한 등기세를 내러 왔다고 하면, 담당자에게 안내해준다. 그

곳에서 1장짜리 서류를 기입해 제출하면 고지서를 주는데 이를 받아 은행에 납부하고 그 영수증을 가지고 등기소를 가면 된다.

다음으로 등기소에 등기세 영수증과 준비한 서류를 내면 수입증지를 가져오라고 하는데, 필요한 금액을 확인한 후 등기소 내 은행에 가서 신청서를 작성해 창구에 내면 수입증지를 준다(샘플을 보며 작성하면 된다). 이것과 앞의 서류들을 모두 모아 제출하면 서류 접수는 된 것이다.

이때 등기신청서류 위에 연락처를 연필로 적어 제출하면 나중에 서류가 잘못되었을 때 연락이 온다. 연락이 오면 보완해달라는 서류를 보완해주면 된다. 심지어 회의록을 수정해달라고 해도 이에 따라야 한다. 이 경우에는 앞의 복잡한 과정을 되풀이해야 하는 불편함이 있지만 어쩔 수 없다. 그만큼 등기 과정은 실체를 법적으로 인정받는 중요한 행위이기 때문이다. 서류 제출까지 마무리한 후 2~3일이 지나도 별다른 연락이 없으면 드디어 등기가 된 것이다. 즉 협동조합이 법인격을 부여받아 이제 법인으로서 모든 활동을 할 수 있게 된 것이다.

대법원 인터넷등기소를 검색해 등기가 된 것을 확인했으면, 다시 등기소를 가서 법인카드를 발급받는다. 이 법인카드로 무인발급기에서 법인등기부등본, 법인인감 등을 발급받을 수 있기 때문이다. 이런 서류가 있어야 법인통장 등을 만들 수 있으므로 꼭 발급받도록 한다.

이제 법인통장을 만들어 출자금을 옮기고, 출판사처럼 사전신고를 해야 하는 경우는 신고필증을 받고, 사업자등록을 하는 등의 절차를 거치면 드디어 경제주체로서의 활동을 할 수 있다. 이런 과정을 예전에는 모두 직접 방문해서 해야 했지만 최근에는 온라인으로 할 수 있는 업무도 많아져 보다 편리해졌다.

외국 협동조합
성공사례

이탈리아의 에밀리아로마냐의 협동조합

×

협동조합의 나라 이탈리아에는 협동조합이 4만 3천여 개가 있고, 그중 1만 5천여 개가 에밀리아로마냐에 있다. 이곳의 인구는 430만 명인데 기업 수는 40만 개 정도가 있다고 한다. 1개 기업의 평균 종업원 수는 5명 정도인데, 주목할 점은 이 지역의 국내총생산(GDP)이 다른 지역의 2배에 이를 만큼 높다는 것이다.

이곳에서 협동조합이 발전하고 성공할 수 있었던 것은 9개 현에 특화된 산업지구가 있기 때문이다. 섬유 및 의류 산업지구, 세라믹 및 농기계 산업지구, 신발 산업지구, 목재 생산기계 산업지구 등 같은 업종의 기업들이 집중적으로 모여 있다. 조건이 이렇다 보니 기업들이 살아남기 위해서는 협력도 해야 하지만 자체적으로 경쟁력을 갖추는 것도 필수다.

그들은 경쟁력을 가격이 아닌 제품 차별화와 협업에서 찾았다. 세라믹 산업지구에 있는 기업들은 에나멜, 페인트, 포장 디자인, 그래픽 등 각자가 가장 잘할 수 있는 것에 집중했고 협동조합을 결성해 분야 별로 협력했다. 이것이 경쟁력의 원동력이 되어 '제 살 깎기'식의 경쟁 을 할 때에 비해 사업 운영이 훨씬 원활해지고 나아가 사업의 성과가 향상되었다.

대기업에서 이렇게 자율성을 가진 독립조직이 서로 협력하는 시스 템을 구축하기란 사실상 어렵다. 에밀리아로마냐의 협업모델에서 대 기업보다 소기업 간 협력을 통해 오히려 더 큰 경쟁력 향상 성과를 낼 수 있는 가능성을 발견할 수 있었다. 소기업을 전문화시키고 협동조합 을 통해 상호 협력할 수 있는 구조를 만든 것이 전문 산업지구가 가진 경쟁력의 비결이었다.

세무·회계·금융·마케팅·기술개발·홍보 등 사업 서비스들을 네 트워크로 공유할 수 있다면 기업하기 참 편할 것이다. 기업은 본인의 주 업무에만 주력하고, 나머지는 모두 제공받을 수 있기 때문이다. 이 런 점에서 이곳의 성공요인은 ERVET(Emilia Romagna Valorizzazione Economica)에서도 찾을 수 있다.

지원기관인 ERVET는 실질 서비스센터(Real Service Center)를 세 워 전문화된 구체적인 정보와 서비스를 제공한다. 또한 기술은 있지 만 자금이 없는 중소기업에게 유휴지를 개발해 사무실, 공장 등으로 제공하는 지원을 했다. 지원하는 척하는 것이 아니라 사업자가 정말로 필요로 하는 것이 무엇인가를 파악하고 그것을 지원하는 것이 지역산업 발전에 얼마나 필요하고, 중요한 것인가를 이 사례를 통해 알 수 있다.

람보르기니, 중소기업 협력으로 이루어지다

×

명품 자동차로 통하는 람보르기니 페라리는 우리가 아는 그런 대기업에서 만드는 자동차가 아니다.

이탈리아 볼로냐 지역은 금속부품 제조 중소기업이 모여 있는 산업지구다. 더 좋은 품질의 제품을 만들기 위해 경쟁이 치열한 것은 당연하다. 그러다 보니 세계 최고 수준의 부품이 만들어지고, 그런 부품들로 만들어진 자동차가 명품이 되는 것은 이상한 일이 아니다.

이곳에 '너 죽고 나 죽자'식의 경쟁은 없다. 지역의 자랑이자 명품 자동차를 만든다는 자부심으로 수많은 중소기업 간 협력 네트워크가 만들어져 있다. 우수한 기술력을 확보하고 있는 전문기업들이 협동조합을 만들고, 민주적인 경영방법으로 완제품을 조합해내는 방식은 각 기업들의 수익률도 높이면서 제품의 질도 높일 수 있다. 문제는 어떻게 공동의 목표를 만들어내고 협력하게 하느냐이다.

이탈리아 제조업의 힘, 공방협동조합

대기업에서 기술자를 고용해 목재를 가공하고, 조립하는 방식의 가구를 사용할 것인가, 아니면 장인이 온 힘과 정성을 들여 만든 명품가구를 쓸 것인가?

이탈리아를 패션뿐만 아니라 가구의 나라로 만든 것은 대기업이 아니라 장인들이다. 장인들이 물건을 만드는 소기업을 공방이라고 하며, 공방이 튼튼한 나라가 제조 기반이 강한 나라다. 최근에 이런 생각을 바탕으로 무엇인가를 만드는 운동이 유행하고 있는데 그것이 바로 '메이커 스페이스 운동'이다.

이탈리아에는 장인이 약 290만 명이고, 공방기업은 140만 개에 이른다. 바로 이것이 이탈리아 제조업의 힘이다. 나무를 잘 다루는 공방이 모여 명품 가구를 만들기로 의기투합을 한다면, 어느 대기업이 그 품질을 따라갈 수 있을까?

숙련된 장인은 혼자라도 위대한데 그들이 협력해 각자가 본인이 가장 잘할 수 있는 일을 해서 만들어진 가구는 생활용품이 아니라 예술의 경지에 이를 수 있을 것이다. 이런 일들이 공방으로 구성된 협동조합을 통한 장인들의 협력으로 가능했다.

이 사례는 소기업이 협동조합으로 제대로 뭉친다면 오히려 대기업보다 더 큰 힘을 가질 수 있다는 것을 보여준다. 대기업이 갖고 있는 치명적 약점, 쉽게 고칠 수 없는 그 약점을 협동조합은 협력을 통해 충분히 해결할 수 있다. 대량생산에는 대기업이 유리하겠지만 다품종 소량 주문생산 시대에는 오히려 소기업들의 연합이 더 강할 수 있다는 것을 볼로냐의 사례가 보여주고 있다.

세계 최고 파르메산 치즈의 비밀

×

치즈 하면 역시 이탈리아 파르메산 치즈다. 이 유명한 치즈는 볼로냐의 치즈협동조합에서 만드는데 전통적인 치즈 제조 방식을 그대로 따르고 있어 기계로 대량 생산한 치즈와는 그 격이 다르다. 이는 우유를 생산하는 낙농가와 치즈를 만드는 소기업들의 협업이 바탕에 있었기에 가능했다.

60개의 낙농업체가 만든 치즈협동조합, 같은 처지에 있는 기업들이 만났으니, 협력이 잘 되었고 어려움도 같이 견디며 극복할 수 있었다. 전통방식은 힘도 들고, 숙성을 위해 시간도 오래 걸린다. 그래도 함께하는 조합원들이 있으니 어려운 일들도 할 수 있었다. 특히 홍보·마케팅 등은 업체들이 스스로 하기에는 벅찬 일이었지만 지역 행정기관의 지원에 힘입어 이제는 세계에서 가장 유명한 치즈가 된 것이다.

볼로냐의 대표적인 관광상품 파르메산 치즈도 낙농업체들의 협업과 지역기관의 지원으로 오늘과 같은 성공이 가능했다. 그 모든 지원 중 가장 대표적인 것이 바로 협동조합 설립과 운영을 지원한 것이다. 또한 협동조합에 대한 실질적인 지원, 즉 세제 지원 등도 효과가 컸다.

일반 기업들이 이윤의 27%를 세금으로 내는 데 비해 협동조합은 이윤의 70%가 비과세 대상이고 나머지 30%에 대해서만 27.5%의 세금이 부과되었다.

협동조합은 여러 다양한 분야에서 성과를 낼 수 있는 사업모델이다. 공공부문에서도 개별 기업을 지원하기보다는 여러 기업이 협업하는 협동조합에 홍보·마케팅 외에 재정 등을 지원한다면 그 효과는 더욱 크게 나타날 것이다.

과잉생산 된 오렌지를 수익 증대에 활용한 썬키스트

×

썬키스트는 대표적인 농민 생산자들의 협동조합이다. 그런데 썬키스트 협동조합이 만들어지기까지에는 미국 캘리포니아 애리조나 지역 농민의 한숨이 바닥에 깔려 있다.

1800년대 초 스페인의 전도사가 미국의 서부 캘리포니아에 오렌지 종자를 가져와 심었다. 1969년 미국의 대륙횡단열차가 완공되어 물류가 활성화되자 서부에서 생산된 오렌지는 열차를 이용해 동부로 대량 수송되었다. 동부 도심 지역에서 오렌지는 큰 인기를 끌었고 그러자 재배 농가가 급증하기 시작했는데, 중간에 유통업자들이 끼어들고 그들의 횡포가 극에 달하면서 농민들은 풍년이 들어도 오히려 손해를 보는 일이 발생했다.

"이대로는 안 되겠다. 우리가 생산한 오렌지를 우리가 직접 내다

팔자."라고 생각한 농민들은 협동조합을 만들고, 오렌지 1개에 썬키스트라는 스티커를 붙였다. 'Sun+Kissed'를 합성해 만든 Sunkist는 말 그대로 '태양이 키스한 오렌지'라는 의미다. 과일에 붙여진 첫 브랜드인 썬키스트는 캘리포니아의 강렬한 햇빛을 받고 자란 오렌지라는 강렬한 의미를 담고 있는데, 최초의 협동조합 단일 브랜드라고 할 수 있다.

썬키스트 협동조합은 오렌지 생산자들이 만든 협동조합으로 오렌지를 제값에 팔기 위해 여러 가지 방법을 강구한다. 과잉생산된 오렌지를 소비하는 방법을 찾았고, 주스를 만들어 공급하기에 이르렀다. 그리고 오렌지에 풍부하게 들어 있는 비타민C를 이용해 오렌지가 건강 상품이라는 것을 적극 홍보하기 시작한다. 공동 브랜드에 이은 공동 홍보 및 마케팅을 시작한 것이다.

한 명의 농업 생산자는 대형 유통업체에 휘둘리게 되지만 이들이 함께 모여 협력하자 오히려 강력한 힘을 가지게 되었다. 공동 브랜드, 공동 마케팅 전략은 주효했다. 함께하면 아이디어가 나온다는 말을 실감할 수 있다.

현재 조합원은 6,500여 명에 이르고 있으며 이들이 썬키스트 협동조합의 주인이다.

이렇게 생산자들의 협업은 다국적 브랜드로 성장하게 된 원동력이 되었다. "햇살 가득한 캘리포니아와 애리조나의 전역에 있는 수천 명의 감귤재배 농장들을 회원으로 확장하고 있는 썬키스트는 비영리 협동조합으로서 120년 동안 이어온 역사적 가치는 가족 경영 농장, 전통

적인 재배 기법, 친환경적 자원사용 관리, 그리고 혁신에 대한 헌신 등
으로 나타난다." 썬키스트 홈페이지의 소개말이다.

소상공인 협동조합
협업의 성과를 나타내다

소상공인이 치열한 경쟁에서 살아남기 위해서는 무엇보다 협업이 필요하다는 것을 이해했을 것이다. 대형 프랜차이즈 체인점들과 일반 소상공인들은 생존하기 위한 조건 자체가 다르다. 냉혹한 현실에서 살아남기 위해서는 소상공인들끼리 뭉치는 것이 거의 유일한 대안이다. 지역별·업종별로 뭉치는 것이 반드시 필요하며, 이탈리아의 사례와 같이 지방자치단체 또는 중앙정부의 제도적 지원이 반드시 필요하다.

우리나라도 2013년도부터 소상공인시장진흥공단에서 협동조합 활성화 사업을 시행하고 있다. 이 사업은 소상공인 간 협업을 통한 공동의 이익창출과 경쟁력 제고 및 영업 인프라 구축을 지원하는 사업이다. 단기적으로는 협동조합의 자립 기반을 구축하고, 장기적으로는 협동조합 활성화를 통한 매출 극대화 및 일자리 창출을 도모하기 위해 공동 사업장 임차, 공동 이용장비 구입, 공동 R&D, 공동 브랜드 개발, 공동 마케팅, 공동 네트워크 구축 등을 지원한다.

최근 이런 지원을 통해 소기의 성과를 내는 협동조합이 나타나고 있다. 지금부터 그 대표적인 사례들을 몇 가지 제시해 소상공인 협동조합의 가능성과 비전을 제시하고자 한다. 이 사례들은 중소기업청 소상공인시장진흥공단에서 매년 발행하는 우수사례집을 참조해 정리했다.

소상공인 협동조합의 우수사례

✕

강원도 원주에서 떡집을 운영하는 5명의 상인들이 강원도의 명물인 감자떡에 주목했다. 이를 공동으로 만들어 판매하면 서로에게 이익이 될 것으로 보고 협동조합을 설립했다. 조합을 통해 좋은 재료를 공동으로 구매해 제품 품질은 높이고 원가는 줄일 수 있었다. 이전까지는 서로 경쟁을 하는 관계였지만 협업으로 함께하니 서로에게 이득이 되었고, 조합의 월 매출은 2억 5천만 원에 이르렀다.

경기도 포천 지역의 가구업체 5곳도 소상공인 협동조합을 설립해 월 공동매출이 무려 3억 8천만 원에 이르고 조합원 수도 10명으로 늘었으며, 새로운 직원도 18명이나 채용하는 등 혁혁한 성과를 올렸다. 처음에는 이익 배분을 두고 충돌하며 사업에 회의가 들기도 했다. 하지만 디자인 등에서 협력을 계속하고 공동 브랜드를 운영하는 한편,

블로그 운영 전문가인 조합원을 통해 온라인 판매를 시작한 덕분에 판매가 늘어나는 좋은 성과를 거두게 되었다.

대구에서는 약재상과 수산물 판매상이 협동조합을 결성한 후 한방 코다리 제품을 탄생시켰다. 약재상과 수산물의 이 절묘한 만남은 이업종이라 해도 협업을 하면 시너지 효과를 얻을 수 있음을 보여주었다. 한방 오징어, 한방 홍합 등 다양한 수산물 가공제품을 만들어 수요가 늘어났고, 약재상과 수산물업체도 모두 수익이 늘어 월 공동 매출이 3억 원에 이르렀다. 물론 처음에는 성과가 잘 나지 않아 실망하는 조합원들도 있었지만, 이제는 사업이 본궤도에 올라 모두 만족하고 있으며 지금은 홈쇼핑을 통해서도 제품을 판매하는 등 사업이 더욱 활발해지고 있다.

인천 지역에는 중국음식점이 많은데 중식당 5곳이 모여 협동조합을 만들었다. 그동안 출혈경쟁 속에서 힘들어하던 점주들이 식재료를 공동으로 대량 구매를 하면 비용이 절감되고 그에 따라 수익이 늘어난다는 사실을 협동조합을 운영하며 알게 되었다. 조합원은 꾸준히 늘어 이제는 250명이 되었고, 월 매출액이 1억 2,500만 원에 이르는 성과를 내고 있다. 인근의 중식당들이 앞다투어 조합원으로 가입해 함께 봉사활동을 하는 등 지역사회를 위해 기여한다는 뿌듯함까지 이들은 맛보고 있다.

전라북도 군산에서는 마케팅 전문가, 광고 전문가, 인터넷 및 미디어 전문가 등 6개의 이업종 대표들이 모여 협동조합을 만들었다. 각각 업종이 다르기는 했지만 홍보·마케팅 서비스를 한다는 공통점이 있었다. 이들이 협업을 통해 각자의 전문성을 살려 복합적인 서비스를 제공하자 고객인 소상공인들의 매출에 크게 도움이 되었을 뿐만 아니라 공동 매출도 1억 5천만 원에 육박했고, 5명의 고용창출 효과도 있었다. 군산의 관광자원을 알리고, 조형물을 만들어 판매 및 홍보까지 해서 지역을 알리고 지역사회의 성장에도 일부분 기여했다. 정부로부터 3D프린터, 수압커팅기 등을 지원받은 것이 협업활동을 더욱 원활하게 했고, 매출 증대에도 기여했다. 소상공인 협동조합이 성장하고 지역사회의 발전에도 기여하기 위해서는 정부 및 지자체의 지원이 필요하다는 것을 보여준다.

경동약령시장에서 인삼·홍삼 등을 판매하던 상인 6명은 협동조합을 만들어 협업했고, 공동 매출액이 무려 8억 원에 이르는 성과를 냈다. 인삼·홍삼 분야에는 워낙 유명한 브랜드가 자리를 잡고 있어 감히 자체 브랜드를 만들 엄두도 내지 못하던 차에 협동조합을 만들면서 가능해진 일이었다. 100% 6년근 홍삼만을 담은 홍삼농축액을 자체 브랜드로 출시했고, 조합원들이 워낙 오랫동안 관련 분야에 있었기에 원재료 확보와 제조 등에서 비용을 절감할 수 있었다. 특히 소상공인들이 취약한 블로그 등 SNS 홍보도 협동조합으로는 가능했다. 정부로부터 공동 브랜드 및 네트워크를 구축할 수 있는 지원을 받은 것도 큰 도움이 되었다. 인근 지하철역에 대형 광고물을 게시하는 등 보다 적극적으로 홍보해 더 많은 매출을 올릴 수 있었다.

소상공인이 모이면 일정 규모 이상의 기업에서만 가능한 일도 할 수 있다. 예를 들면 식물공장의 설립과 같은 일이다. 광주시의 5개 업체가 모여 협동조합을 설립한 후 식물공장을 만들고 새싹쌈을 재배해 판매하기 시작했다. 새싹쌈은 뿌리는 물론 싹까지 식용으로 가능한데 조합에서는 재배 과정에서 농약이나 비료를 일체 사용하지 않아 소비자가 안심하고 먹을 수 있는 상품으로 인정을 받았으며, 싹에 사포닌이 뿌리보다 8~9배나 많다는 사실이 알려지면서 수요도 증가했다. 정부로부터 지원을 받아 냉동탑차를 구입하고, 공동 브랜드 개발 및 홈페이지 구축으로 인터넷 홍보는 물론 온라인 판매를 위한 기반도 구축했다. 조합원들의 협업은 묘삼재배, 새싹쌈재배, LED농장, 마케팅 등으로 특화되었고 공동 매출액은 5억 원이 넘었다.

지역사회 발전에도 기여하는 소상공인 협동조합

×

충청북도 충주의 5개 자영업자들이 쌀과 관련한 사업자협동조합을 운영하면서, 정부로부터 지원받은 돈과 자체 자금을 합해 정미소를 만들었다. 향과 밥맛이 좋은 쌀을 찾은 다음, 그 씨앗을 구해 주변 농가에 전량 수배할 테니 재배하라고 권했고, 쌀의 브랜드명도 정했다. 우선 농가를 끌어들인 이 협동조합은 앞으로 향도 밥맛도 좋은 이 쌀을 희망하는 퇴직자를 활용해 전국에서 판매할 계획이다. 즉 이 협동조합이 잘 되면 잘 될수록 지역사회도 발전하고 퇴직자들이 할 일도 생기는 것이다. 현재 이 협동조합의 공동 매출액은 15억 원이 넘는다.

제주에서는 소상공인 6명이 협동조합을 만들어 과일, 채소 등 청과물을 판매하면서 동시에 주스 등을 판매하는 카페와 같은 기능을 겸하는 매장 사업을 전개하고 있다. 납품을 하는 것보다는 직접 소비자들에게 인정받아 매장을 늘려가는 방식을 택한 것이다. 정부로부터 저온저장고와 지게차, 1톤 트럭까지 지원을 받아 사업이 본격적으로 활성화되었다. 청과물은 보관을 위해 저온저장고가 필수인데 이러한 시설을 갖추었으니 민감한 가격변동에 잘 대응할 수 있었다. 청년 소상공인들의 협업은 연매출 11억 원이라는 성과를 얻었다.

경상북도 포항에서는 장례지도사, 장례식장 도우미, 장의버스 기사, 장례 의전용품 업계 종사자 등이 장례토털 협동조합을 만들었다. 이들은 본인들의 장점을 내세워 대형병원과 일반 장례식장보다 30% 저렴한 비용으로 장례서비스를 받기 희망하는 준조합원을 모집한 결과 400여 명이 넘게 모였다. 무엇보다 대부분 조합원의 장례식이다 보니 무엇보다 믿고 맡길 수 있다는 장점이 있었고, 마치 품앗이와 비슷한 개념이 되었다. 조합원과 준조합원들이 다양한 직종에 종사하고 있어 조합원끼리는 서로가 혜택을 주어 별도의 이익이이 있도록 했다. 정부로부터 공동 브랜드 개발과 마케팅 사업비, 장의차 등을 지원받아 사업이 활성화되었으며, 장례용품 등을 인근 농협과 수협 등에도 납품해 매출을 높였다. 이렇게 만든 장례 협동조합의 공동매출액은 3억 원에 이른다.

서울의 화장품 소매점들이 매출이 급격하게 떨어지면서 도저히 점포를 유지할 수 없을 지경에 이르자, 망하는 것보다 함께 사는 방법을 찾아보자는 뜻에서 협동조합을 만들었다. 이들은 정부로부터 공동 브랜드 홈페이지 구축, 공동 네이밍 등의 지원을 받으며 자리를 잡았다. 그런 다음 판매에만 머무르지 않고 기능성 화장품을 직접 제조해 판매하기로 하고, 제품을 개발했다. 이렇게 노력한 결과 염모제, 여드름 치료제 등 특화된 제품을 만들고 수출하기에 이르렀으며, 여기에 공동 홍보와 마케팅까지 해서 매출액이 1억 6천만 원에 달했다.

충청남도 계룡에서는 청년 소상공인 5명이 나서서 우리나라 전통의 옻칠 기술을 되살려 적용한 옻칠공예품을 출시 판매하고 있다. 정부로부터 지원받은 자동선반CNC 덕분에 제작원가를 절감할 수 있었고, 지속적인 마케팅 노력으로 지금은 대형 포털에도 입점해 제품을 판매하고 있다. 홈쇼핑에도 소개되었고, 조달청 우수문화 상품으로 지정되어 나라장터에 입점했으며, 2017년에는 문화체육관광부 주관 우수공예품 우수문화상품에 선정되기도 했다. 이 협동조합의 연간매출액은 1억 1천만 원이다.

이외에도 전라북도 전주에서는 3D프린팅 전문교육을 위한 협동조합이 공동 매출액 2억 4천만 원, 강원도 춘천에서는 세탁업을 하는 5명의 소상공인이 모여 함께 세탁업을 해서 공동 매출액을 4억 원 올렸고, 충청남도 금산의 인삼업자 15명이 모여 공동 브랜드를 만들어 공동 매출액 5억 1천만 원, 14명의 한약유통업자가 모여 유통뿐만 아니라 제조까지 해서 공동 매출액 43억 원을 올린 사례도 있다.

또 경기도 부천의 LED업자 6명이 모여 LED 가로등 공동 사업으로 매출액 1억 2천만 원, 서울의 온라인 판매업자 36명이 모여 공동으로 온라인 판매를 해서 공동매출액 37억 원, 경영난에 힘들어하던 인천 지역 도서업자 13명이 모여 공동 사업을 벌여 공동 매출액 24억 5천만 원을 올리는 등 훌륭한 성과를 내는 협동조합 사례가 많이 나타나고 있다.

위기를 기회로 만드는 소상공인 협동조합

소상공인들이 협동조합에 참여해 실질적인 매출을 일으키고 성공하기 위해서는 거쳐야 할 과정들이 많다. 일부의 희생과 봉사도 필요한데 이때 중요한 것은 그러한 희생과 봉사를 알아주고 이해해주는 조합원들의 자세와 함께하려는 동업자 의식, 그리고 협업에 대한 적극적인 자세다.

조합원들은 이미 자신의 사업을 하고 있기 때문에 이재에 밝으며, 그로 인해 더 단결하기 힘든 것도 사실이다. 협업에 더 가치를 두지 않고 오로지 본인의 이익을 추구하는 조합원이 1명이라도 있으면 조직이 유지되기 쉽지 않다. 그래서 시작할 때 정말로 뜻이 맞는지, 조금씩 희생할 각오가 되어 있는지 등 이야기를 많이 나눈 다음, 서로를 잘 이해하고 배려하며 희생을 할 수 있는 사람들로 조합을 만들어야 한다. 실제로 협동조합을 운영하고 있는 사람들을 만나보면 "의사소통과 협력에 상당한 어려움을 겪고 있다."라는 고민을 많이 털어놓는다.

그렇지만 앞의 사례들에서 볼 수 있듯이 소상공인은 협동조합을 통해 사업을 확대할 수 있으며, 좋은 성과를 올려 기사회생하기도 한다.

성공하는 협동조합의 특징은 이사장 등 희생과 봉사를 하는 조합원이 있고, 상호 간 의사소통을 잘하며, 각자의 책임과 역할이 분명하고 무임승차를 하는 조합원이 없으며, 자기의 이익보다는 협업을 통한 공동 이익을 우선시하는 조합원들로 구성된 경우가 많다.

지금 당장 포기할 수밖에 없을 것 같은 극단적인 상황에 몰려 있는 자영업자, 소상공인들이 그래도 마지막으로 기대할 수 있는 것이 바로 협업이고 이를 뒷받침하는 제도적인 방법이 협동조합이다. 같은 업종 또는 연관이 있는 이업종 간에 상호 협업을 통해 방법을 찾는다면 위기에 처한 자영업자들이 새로 일어날 수 있는 기회를 만날 수 있을 것이다.

협업을 희망하는
소상공인을 위한 제언

협업을 희망하는 소상공인은 부지런해야 한다. 그래야 지원정보를 얻고, 이를 활용해 사업 운영에 도움을 받을 수 있다. 바쁘고 힘든 현실에 치여 무기력하게만 있다가는 상황이 점점 악화될 뿐이다. 요행을 바라지 말고 스스로 능동적으로 생각하고 행동해야 한다. 당연히 쉬운 일이 아니지만, 다가올 내일을 긍정적으로 생각하고 희망을 가진다면 못할 일도 아니다.

그리고 정부나 지자체의 지원사업을 우호적으로 받아들이는 태도를 가져야 한다. 요즈음 정부나 지지체의 지원사업을 시행하는 기관들은 놀라우리만치 친시장·친기업적인 자세를 보인다. 지원기관이나 관련 직원들의 취지나 의도를 의심할 필요는 없다. 이를 적극적으로 활용하고 또 협력하는 자세를 보인다면 원만한 사업 수행에 도움이 될 수 있음은 물론이고 부수적인 지원 혜택을 받을 수 있을 것이다.

소상공인에 대한 협업 지원사업을 운영 중인 서울신용보증재단이나 소상공인시장진흥공단은 직접적인 협업 지원 외에도 지원사업에 참여하는 기업이나 협동조합 등을 대상으로 SNS를 활용한 홍보, 마케팅을 비롯한 다양한 교육 지원과 실제적인 도움을 주고 있다.

　또한 최근에는 언론에서도 협업에 대한 관심이 높아져 신문이나 방송에 우수협업사례를 소개되기도 한다. 방송에 우리 협업체가 소개된다면 무료로 좋은 홍보기회가 생기는 것이다. 그뿐만이 아니다. 생소하던 사업계획 수립이라는 과정을 통해 현재 자신이 영위하고 있는 사업의 전반적인 상황을 파악하고 개선점, 발전방안 등을 심도 있게 고민하고 생각해보는 기회를 가질 수 있다. 이는 사업체 운영에 많은 도움이 될 것이다.

　협업에 조금이라도 관심이 있는 소상공인들은 망설이지 말고 관련 지원기관의 문을 두드려라. 사업 성공을 위해서는 무엇보다 중요한 것은 지원사업에 임하는 중소기업이나 소상공인의 자세일 것이다. 후회할 일을 만들지 말고 지금 당장 도전해보자.

부록1

소상공인 업종별
협업모델

제과제빵업

구분	내용
사업명	• 페스츄리 생지(반죽) 생산설비 도입 및 배송시스템 구축
필요성	• 페스츄리 생지 생산에는 넓은 작업공간과 시설이 필요해 개별 제과점이 자체 생산하기가 어려워 프랜차이즈 제과점에 비해 상품의 구성이 열세임 • 제과점들이 대부분 생지를 구입해 페스츄리 제품을 생산, 판매하나 맛과 품질이 떨어짐
지원내용	• 페스츄리 생지 생산을 위한 파이롤러, 냉장고 • 페스츄리 생지 배송을 위한 냉동냉장 배송차량
협업운영	• 공동 작업장을 마련하여 설비를 설치하고 각 참여업체가 분담하여 페스츄리 생지 생산을 위한 파이롤러 가동 • 배송차량으로 생산된 페스츄리 생지를 당일 배송
협업효과	• 직접 생산으로 원가가 절감되고 양질의 식자재를 사용(마가린→버터)이 가능하여 페스츄리 제품의 맛과 품질이 크게 향상됨 • 고급 호텔 수준의 페스츄리 제품을 판매함으로써 참여 제과점의 영업 경쟁력 강화 • 회원사의 구매선호도 높은 제품 직접 생산으로 협업사업의 결속력이 강화됨

봉제업(의류임가공)

구분	내용
사업명	• 영세 봉제업체 경쟁력 강화를 위한 후가공시설 구축사업
필요성	• 대부분의 봉제업체가 1차 가공 후 후가공 작업을 외부의 전문회사에 맡기고 있음 • 후가공을 위해 2~3차례의 작업물품 이동함으로써 생산기간이 길어지고 후가공 및 물류에 소요되는 비용으로 인해 원가 압박이 큼
지원내용	• 후가공 생산시설 지원(단추 구멍, 주머니 가공시설 등)
협업운영	• 참여업체의 사업장 중간 정도 지점에 협업사업장 설치하여 공동 작업공간 마련 • 후가공을 위한 생산시설 설치하여 공동 이용
협업효과	• 일관생산에 따른 납기단축으로 발주회사로부터 높은 평가 • 후가공비용 대폭 절감으로 수익성 향상

생선구이골목

구분	내용
사업명	• 생선구이 전문골목 공동 이용시설(냉동창고·정미기) 구축사업
필요성	• 냉장고가 공간을 많이 차지하여 주방 및 홀 공간이 적음 • 최상의 밥맛을 유지하기 위해서는 당일 도정한 미곡 사용이 필요
지원내용	• 냉동(냉장)창고, 정미기
협업운영	• 각 참여업체 사업장(점포) 인근 장소에 냉동창고를 설치하고 생선, 꽃게 등 수산물을 공동으로 보관 • 정미기 공동 이용
협업효과	• 별도의 냉동창고를 이용함으로써 점포 공간을 효율적으로 활용할 수 있게 됨 • 정미기를 이용함으로써 밥맛이 개선되어 고객의 만족도가 높아짐 • 생선, 기타 수산물 등 식자재 공동, 대량 구매로 원가절감 및 시간 절약

전통떡집

구분	내용
사업명	• 떡집 공동 이용시설 및 공동 브랜드 구축사업
필요성	• 떡 가공시설이 노후화되고 냉동창고가 없어 품질이 떨어지는 현상 발생 • 점증하는 인터넷 수요에 대응하고 기관대상 판매를 위해 소규모 업체 간 연대를 통한 대형화 및 브랜드화가 필요
지원내용	• 공동 보관 저온창고 및 자동 성형기(송편기) 지원 • 공동 브랜드 및 공동 판매 사이트 구축
협업운영	• 냉동·냉장창고에 원재료 및 생산제품 공동 보관 • 공동 브랜드 및 판매 사이트 구축으로 온·오프라인 영업 기반 구축
협업효과	• 자동 성형기(송편 등) 도입으로 생산성 대폭 향상 • 원재료 냉장보관 및 생산제품의 즉시 보관으로 맛과 품질이 크게 향상됨 • 공동 브랜드 구축은 제품의 신뢰성을 높여주어 기관 등 대규모 수주에 일등공신이 됨

전통공방(전통공예품·도자기 제작)

구분	내용
사업명	• 문화의 산업화 촉진을 위한 공예작가 전용 인터넷 갤러리 구축 사업
필요성	• 작가들이 직접 제작한 실용성과 예술성을 갖춘 공예품을 온라인으로 판매할 수 있는 사이버마켓 필요 • 전통 및 일반 공예품을 수작업으로 제작하는 기업이 본인들의 제품 및 아마추어 작가, 전공학생들이 작품을 전시하고 판매할 수 있도록 해 공예인들의 경제활동 지원
지원내용	• 공동 브랜드 및 인터넷 갤러리 구축 지원 • 온·오프라인 홍보, 길거리·공공장소 전시회 개최 지원
협업운영	• 공동 브랜드 개발 및 인터넷 갤러리 구축 • 작품등록 및 선별기준 시스템 구축 • 블로그, 신문기사, 방송출연 등을 통한 갤러리 인지도 향상
협업효과	• 아마추어 작가, 공예전공 학생들의 작품을 전시 및 판매할 수 있어 우수한 작가들의 경제적 기반 공고화 • 전통공예품을 널리 홍보함으로써 국·내외에 우리나라의 문화 수준을 알리고 이를 통해 공예문화의 산업화 기반 확산

인쇄업

구분	내용
사업명	• 영등포 인쇄골목 영세 인쇄업체 디지털 인쇄장비 구축사업
필요성	• 소량의 컬러책자 제작, 홍보물 인쇄를 외부에 의존해야 함으로써 비용과 시간이 많이 소요되고 수주에도 제약이 있음 • 인쇄물의 제작 원가, 납기 등의 문제로 경쟁력 저하되어 거래처 이탈 현상 발생
지원내용	• 디지털컬러인쇄기 지원
협업운영	• 각 업체의 사무실이 입주한 건물 내에 공동 작업장 마련하여 시설 설치 • 각 참여업체의 필요에 따라 설비 직접 가동 또는 협력하여 작업 진행
협업효과	• 소량의 책자 제작이나 홍보물 제작 시간이 단축되고 비용 절감으로 수익성 향상됨 • 가격 경쟁력 강화되어 기존 고객 유지 및 신규 거래처 발굴이 원활해짐

패션디자이너

구분	내용
사업명	• 여대앞 패션거리 패션디자이너 의류샘플 제작용 공동 이용설비 구축사업
필요성	• 디자인한 의류 샘플 제작에 외주가공비 소요가 과다하고 적시에 제작할 수 없음 • 디자인의 수정과 보완에도 많은 시간과 비용이 소요되어 신제품 개발에 애로 • 의류 샘플의 외부 제작 시 디자인 유출 사례가 발생
지원내용	• 자수기, 미싱, 라벨기 등 의류 제작 관련 설비
협업운영	• 패션디자이너들이 샘플의류 제작을 위한 공동 작업장을 마련하고 설비를 구축 • 설비 운영 전문인력 1인 고용하여 각 업체의 샘플의류 제작
협업효과	• 의류 샘플 제작에 소요되던 비용과 시간이 크게 절감됨 • 다양한 디자인의류 개발이 활성화 되었고 수정, 보완작업이 원활해져 제품의 완성도가 향상됨 • 참여업체 간 공동 전시회 참여 등 협력을 통해 마케팅 역량이 강화됨 • 정보교환 및 경쟁력 강화를 위한 디자이너 협동조합 설립 추진 계기가 됨

치과기공소

구분	내용
사업명	• 소규모 치과기공소 지대주 제작용 밀링기 구축사업
필요성	• 기성품이 아닌 주문형(고객 맞춤형) 임플란트용 지대주 제작은 외부에 의존하고 있어 부담하는 가공비용이 과다하고 제작시간도 장기화되고 있음 • 비용과 제작시간 부담으로 수주에 제약이 있고 거래 치과병원의 이탈, 영업력 저하 현상 발생 • 외부 제작 시 치과병원의 주문에 즉시 대응이 어렵고 비전문가에 의한 가공작업이 빈번해 품질이 불량한 경우 종종 발생
지원내용	• 밀링기(임플란트용 지대주 제작 장비)
협업운영	• 참여업체가 협력하여 추진주체 작업장에 밀링기 설치 • 원격으로 제작 자료를 전송받아 추진주체 대표가 가공작업을 진행
협업효과	• 지대주 제작시간 절감 • 고객 맞춤형 고품질의 지대주를 즉시 제작 가능 • 외주 시 대비 단위당 제작원가 50% 내외 절감 • 가격 경쟁력 강화되어 치과병원 등에 대한 마케팅파워 향상됨

가죽제품(가방·지갑) 제조업 1

구분	내용
사업명	• 강동 지역 가죽제품 제조업체 공동 이용시설(원단프린터) 구축사업
필요성	• 인쇄 장비가 없어 원단프린팅 및 제품 부착용 캐릭터, 로고 등 프린팅작업을 외부업체에 의존해 시간과 비용의 소요가 과다 • 외주 시 제작 물량 조정이 어려워 불용 재고가 발생 • 비용, 시간 관계상 디자인이나 자체 제품 개발이 어려워 업체 성장에 한계
지원내용	• 원단 프린터 및 부속 소모품 등
협업운영	• 추진주체 사업장에 협업설비를 구축하고 협업 참여업체의 공동 작업장으로 이용 • 디자인 가죽원단, 캐릭터, 로고 등 개발하여 판매하는 등 새로운 사업 분야를 시도하고 생산과 유통을 참가업체 간 공유
협업효과	• 일관 생산공정 구축하여 제품 제작에 소요되는 시간과 원가가 대폭 절감됨 • 자체 디자인, 아이디어 상품 개발의 원활화 • 디자인원단 개발, 판매 등 신 사업 분야 발굴 • 참여업체 간 공동 마케팅 및 공동 유통망 구축 • 사업종료 후 협업설비를 동업종 협동조합으로 이전하여 공동 이용 확대

가죽제품(가방·지갑) 제조업 2

구분	내용
사업명	• 강서 지역 가죽제품 제조업체 공동 이용시설(할피기) 구축사업
필요성	• 고가인 할피장비가 없어 외부 업체에 작업을 의뢰하고 있음 • 외주 시 제작 물량 조정이 어려워 불용 재고가 발생하고 원하는 시간에 작업이 안 돼 제작공정이 지연되는 사례가 다수 발생 • 할피 작업비용과 시간 소요로 디자인 개발, 자체 제품 개발이 어려움
지원내용	• 할피기
협업운영	• 추진주체 사업장에 설비 구축하고 인근에 소재한 참가업체가 공동 이용 • 협업 참여업체 간 시장, 제품 등 사업정보 교류 • 협업체 공동 브랜드 개발, 공동 제품 개발 및 유통 등을 장기적으로 추진
협업효과	• 제조원가가 절감되고 물류에 소요되는 비용과 시간 감축됨 • 가죽원단의 가공 품질 수준 향상 • 품질과 가격 경쟁력 제고를 통한 마케팅파워 강화 • 자체 상품 기획 및 개발, 제작이 원활해져 사업 확대 기반 마련

악기 제조업

구분	내용
사업명	• 현악기 제작업체 경쟁력 강화를 위한 공동 이용시설 구축사업
필요성	• 현악기 제작에 다양한 설비가 필요하나 대부분 고가인 관계로 개별 악기 제조업체가 이를 갖추기는 어려움 • 악기 장인들의 기술력은 충분하나 제작 여건이 어려워 수선에 치중 • 외국산이 주도하는 현악기시장에서 국산악기의 우수성을 알리는 계기 필요
지원내용	• 조각기, 밴드쏘, 샌더, 드릴, 현악기 내시경, 현악기 건조기
협업운영	• 추진주체 사업장에 공동 작업장을 마련하고 지원설비를 구축 • 각 참여업체가 공동으로 장비를 이용하고 사용기록을 관리 • 인터넷, SNS를 통한 공동 홍보와 마케팅 실시 • 협업 참여기업 확대 및 협동조합 설립 추진하여 악기제작 활성화
협업효과	• 악기 제작원가 절감 및 제작시간 단축 • 협업 활성화 지원사업을 통해 인터넷, SNS 홍보 마케팅 능력의 향상 • 협업사업을 매개로 한 SNS 홍보활동을 통해 국산 현악기의 인지도 확대 • 사업장 소재지 인근에 '현악기 거리' 조성을 위한 기반 마련 • 국산악기 선호도 상승과 수요 증가 및 사업수익성 향상

금속공예업

구분	내용
사업명	• 강동구 패션주얼리 및 액세서리 제조업체 공동 이용설비 구축사업
필요성	• 업종 특성상 다양한 디자인의 제품 제작이 필요한데 설비 부족으로 원본 제작을 외부에 의존하고 있어 이에 소요되는 비용과 시간이 과다하고 디자인 유출 우려가 큼 • 다양한 디자인 제품 개발에 한계가 있음
지원내용	• 3D프린터
협업운영	• 추진주체 사업장에 3D프린터를 구축하고 3개 참여업체가 공동으로 이용 • 각 참여업체별 사용기록 관리 유지 • 참여업체 간 주얼리 제작과 재료 구매, 판매 경로에 대한 정보 공유
협업효과	• 공예품 제작에 소요되는 비용과 시간이 현저히 감축됨 • 협업 활성화를 위한 홍보지원으로 '공방거리' 인지도 향상되어 참여업체의 매출 성장 기반이 조성됨 • 협업사업 참여를 계기로 인근 공방과 함께 협동조합 설립하여 협업을 확대 • 지원설비를 실습교육에 활용함으로써 주민 및 희망자를 대상으로 한 공예교실 운영 활성화

주얼리 제조업

구분	내용
사업명	• 주얼리 제조업체 샘플제품 제작설비(3D프린터, 레이저용접기) 구축 사업
필요성	• 자체 디자인 주얼리제품의 시제품 제작을 장비가 부족하여 원활히 할 수 없음 • 시제품 제작과 관련하여 외주에 소요되는 비용과 시간이 과다함 • 소비자의 A/S 요청에 원활히 대응하지 못함
지원내용	• 3D프린터, 레이저용접기
협업운영	• 추진주체 사업장에 협업사업장 마련하여 지원설비를 구축 • 추진주체가 설비를 가동하고 본인 및 참가업체의 요청에 따라 실비로 작업 수행 • 제품 디자인과 마케팅에 참여업체 간 협력 강화
협업효과	• 3D프린터를 활용한 제품 디자인 개발이 원활해짐(비용과 시간이 절감됨) • 외주 제작 과정에서의 디자인 외부 유출 우려가 해소됨 • 주얼리 제품 용접을 자체 처리할 수 있어 관련 비용 절감되었고 구매자의 A/S 요청에 즉각 대응이 가능하여 만족도가 향상됨 • 정밀한 용접작업이 가능하여 제품의 품질이 향상됨

전장부품(하네스 등) 제조업

구분	내용
사업명	• 구로 중앙유통단지 내 전장부품 제조·유통업체 공동 이용설비 구축사업
필요성	• 전장부품인 하네스 가공장비 노후화로 고장이 잦고 절단 등 작업 시 로스(loss)율이나 불량률이 높음 • 설비 부족으로 하네스 제작공정이 원활히 연결되지 못하고 일부 작업을 수작업이나 외주에 의존하여 시간과 비용의 소요가 많음 • 설비와 작업공간이 비효율적으로 배치되어 작업공정 진행에 어려움이 많음
지원내용	• 전선가공기, 절단기, 넘버링기 등 하네스 가공장비와 작업대 설비
협업운영	• 추진주체 작업장에 협업설비 구축하고 참가업체가 공동으로 이용 • 참여업체가 각각 필요한 하네스 제작 작업을 분업화하여 수행
협업효과	• 제품의 정밀도 등 품질 향상 • 전기장비와 부품 제작업체의 분업화를 통한 제품 제작시간의 단축 및 협력 강화 • 비용 절감과 맞춤형 제품의 신속한 제작으로 저가의 중국산 제품과의 경쟁력 확보 • 고객 맞춤형 제품 제작, 다품종 소량생산능력 확충으로 고객의 다변화가 가능해짐

봉제업(의류 샘플 제작)

구분	내용
사업명	• 샘플의류 제작업체 협력사업장 CAD프로그램 및 관련 장비 구축 사업
필요성	• 의류제작 초기단계인 패턴제작을 수작업이나 외주에 의존하여 소요되는 시간이나 비용이 과다하고 수정이나 그레이딩 작업도 원활치 못함 • 패턴용 SW를 임차하여 사용하는 경우 임차비용 발생 • 기 제작 패턴의 효율적 관리가 안 되고 패턴 커팅시 용지교체 등 작업을 비능률적 요소가 발생
지원내용	• CAD프로그램(SW), 패턴입력기, 커팅플로터
협업운영	• 추진주체 사업장에 협업설비 구축하여 참가업체가 공동으로 활용 • 인근지역의 의류업체도 협업설비 활용을 개방
협업효과	• 의류 제작에 소요되는 시간과 비용이 절감되고 수정, 보완이 원활해졌으며 정확한 패턴작업으로 의류제품의 품질이 향상됨 • 협업에 참여하여 설비를 이용하는 업체가 확대되어 협업효과가 확산되었으며 협업을 기반으로 협동조합 설립을 추진하는 등 업체 간 협력이 확대되고 있음

유압장비 유통·수리업

구분	내용
사업명	• 영등포 기계상가 유압장비 유통·수리점 유압테스트장비 구축사업
필요성	• 유압기기 유통을 위해 필수적인 검사장비가 없어 창원 등 지방업체를 이용하는 관계로 이에 소요되는 비용이 과다하고 물류 과정에서 많은 시간이 낭비됨 • 제품 하자로 인한 대금수금 지연, 손해배상 요청, 불필요한 출장 등이 종종 발생함 • 판매 부품의 품질이 문제가 있을 경우 인명피해 등 심각한 문제를 야기할 수 있음
지원내용	• 펌프테스트 장치, 밸브테스트 장치
협업운영	• 추진주체가 협업공간을 제공하여 협업설비를 구축하고 참가업체가 공동으로 활용 • 추진주체가 참가업체의 요청에 실비로 작업을 대행 • 인근 유압장비 유통업체에도 낮은 비용으로 검사서비스 제공 • 검사장비 도입 홍보를 통한 수요 확대 추진
협업효과	• 장비 검사에 소요되는 비용과 시간이 획기적으로 절감됨 • 검사장비 설치로 고객의 신뢰도가 향상되어 사업이 활성화되고 있으며 판매 장비, 부품의 품질에 대한 염려 없이 안정적인 영업이 가능하게 됨 • 고객의 검사나 수리 요청에 대한 빠른 대응이 가능하고 노후되거나 불량제품을 수리, 판매하는 신규마켓을 창출할 수 있음

패키지 제작업

구분	내용
사업명	• 방산시장 포장인쇄업체 절단절곡기 구축사업
필요성	• 패키지용 목형제작장비(절단절곡기)의 노후화로 패키지 제품의 품질이 불량하여 고객 클레임이 증가하는 추세이며 잦은 고장으로 인해 생산성이 저하되고 있음 • 기존 장비로는 정밀한 목형제작을 못해 수주를 못하는 경우가 발생하거나 외부에서 목형을 제작하는 사례가 있음 • 판매한 부품의 품질이 문제가 있을 경우 인명피해 등 심각한 문제를 야기할 수 있음
지원내용	• 절단절곡기(목형 제작에 필요한 칼날 가공설비)
협업운영	• 추진주체 사업장에 협업설비를 설치 • 추진주체가 설비를 가동하고 참가업체에는 실비 수준의 비용으로 작업을 제공 • 장비 도입내용을 SNS를 통해 홍보하고 수주 물량이나 작업 공유 등 협력 확대
협업효과	• 정밀하고 효율적인 작업을 안정적으로 할 수 있어 수주 확대 및 가공비용 절감됨 • 작업물량의 공유, 분업화를 통해 각 참여업체의 사업 운영이 효율화됨 • 장비도입 홍보를 통해 수주가 확대되었으며 참여업체 간 사업 협력이 강화됨

혼자 하지 말고 함께해라

휴대폰케이스제조업

구분	내용
사업명	• 휴대폰케이스 등 제조·판매업체 품질개선을 위한 승화전사프린팅 시스템 구축사업
필요성	• 휴대폰케이스에 각종 디자인을 인쇄하여 국내외에 판매 중이나 점점 바이어가 요구하는 품질 수준이 높아져 이에 적합한 외부 프린팅업체를 확보하기 어려움 • 인쇄 수정작업이 원활하지 않고 전반적인 인쇄비용이 높은 수준임 • 납기의 컨트롤이 어렵고 하자 시 책임소재의 불분명으로 종종 분쟁이 발생함 • 외주 프린터 업체의 영업정보 탈취, 자체 영업활동 확대 등의 시도가 빈번함
지원내용	• 승화전사프린팅장비 구축사업
협업운영	• 추진주체 사업장에 협업설비를 설치하고 참여업체가 공동으로 이용
협업효과	• 제품의 원가 경쟁력이 향상되었고 납기 준수, 프린팅 품질 향상으로 바이어의 신뢰도가 제고됨으로써 수출이 확대되고 있음 • 전사프린팅 장비를 활용하여 신발, 의류 등 다양한 제품에 프린팅 작업을 통한 제품 개발을 시도하여 사업 영역이 확대되고 있음

서울시 자영업 협업화 지원사업 소개와
사업계획서 작성을 위한 팁 및 사업 진행 절차

서울시 자영업 협업화 지원사업은 서울시 소재 3인 이상의 자영업자가 협업체를 구성해 공동 이용설비 구축이나 공동 구매 혹은 판매를 위한 운영시스템의 구축, 공동 브랜드 개발 등의 협업사업을 하고자 하는 경우 이에 필요한 시설이나 용역의 구매에 들어가는 자금을 무상으로 지원하는 사업으로, 서울시의 위탁을 받아 서울신용보증재단이 운영하고 있다.

지원 부문
- 공동 이용시설 구축

    협업 참여업체가 공동으로 이용할 생산·연구·검사 장비나 보관설비 구축에 필요한 자금을 지원하며 지원 한도는 소요사업비(부가세 제외)의 90% 이내에서 최대 5천만 원까지 지원

- 공동 운영시스템 구축

  협업 참여업체가 공동으로 이용하거나 그 구축으로 인한 과실을 공유할 수 있는 공동 홈페이지나 쇼핑몰 구축, 공동 구매·판매 및 고객관리를 위한 시스템 구축과 이와 연관되어 부수적으로 발생하거나 필요한 사업에 소요되는 자금을 최대 3천만 원 이내에서 지원

- 공동 브랜드 개발 및 활용

  협업 참여업체가 공동으로 활용할 브랜드를 개발하는 경우 브랜드 네이밍, BI, CI, 캐릭터 개발과 이에 수반하는 홍보, 홍보물이나 디자인 개발 등의 사업에 필요한 자금을 최대 2천만 원 이내에서 지원

협업체 구성 시 유의사항

- 협업체 구성

  서울 소재 3인 이상의 정상 사업 중인 소상공인으로 구성

- 협업체 구성 소상공인의 요건

  - 신용상태나 세금납부 등에 이상이 없는 소상공인으로 구성
  - 협업사업과 관련해 지원을 받은 사실이 없는 소상공인으로 구성
  - 향락산업이나 투기·사행성 산업 등을 영위하는 업체가 아닐 것

서울시 자영업 협업화 지원사업 사업계획서 작성 TIP

×

서울시 자영업 협업화 지원사업에 참여하기를 희망하는 협업체는 다음 단계별 내용을 참조해서 사업계획을 수립하고 사업계획서를 작성함으로써 지원을 받는 데 도움을 받아보자.

1단계: 협업사업계획 수립

협업사업계획서는 협업사업의 수행에 있어 누가, 왜, 무엇을, 어떻게 할 것이며 이에 소요되는 자금과 그로 인한 효과는 무엇인지 설명하는 것으로, 그 내용에 대해 지원을 결정하는 평가자가 이에 공감할 수 있도록 해야 한다.

그 전개 과정을 살펴보면 다음과 같다.

사업을 추진하는 협업체는 어떤 업체들로 구성되어 있는가?

어떤 사업내용과 경력을 가진 업체로 협업체가 구성되는지, 또 각 업체들이 사업상 어떻게 연결되어 있는지 등에 대한 설명과 구성원 상호 간의 유대관계 및 지리적인 인접성 등 협업사업이 원활히 수행될 수 있다고 판단할 수 있는 요건들을 정리해 제시한다.

각 업체가 영위하는 사업내용과 현황을 소개하고 추진하고자 하는 협업사업이 이와 어떤 연관성을 가지는지에 대해 평가자가 충분히 이해할 수 있도록 작성되어야 할 것이다.

왜 협업사업을 하고자 하는가?

협업에 참여하는 업체의 현재 상황과 협업사업을 추진하게 된 배경, 협업체 구성 경위에 대해 정리한다. 협업체 구성업체들이 영위하는 업종의 현황과 현재 처해 있는 어려움에 대한 정확한 이해와 인식을 토대로 협업의 필요성과 당위성을 정리해 사업계획서에 풀어내야 한다.

즉 사업상 겪고 있는 어려움이나 향후 전망에 관해 설명하고 애로사항을 극복하는 데 필요한 사항이 무엇인지, 이를 통해 어떤 긍정적인 효과를 기대하고 있는지에 대해 기술한다. 당연히 협업 참여업체 간 이해와 동의가 필요함은 물론이고 이를 평가하는 제3자도 그 내용을 충분히 공감할 수 있어야 할 것이다.

협업사업의 구체적 내용은 무엇인가?

각 업체들의 사업상 애로사항이 도출되었다면 이를 해결하기 위해 협업 참여업체 모두가 공감하는 해결방안, 즉 무엇을 해야 할지에 대한 고민과 협의를 거쳐 합의에 이른, 구체적으로 추진할 사업항목들을 제시해야 한다. 또 이런 항목들이 지원되면 협업체의 각 구성원에게 어떤 이익을 줄 수 있는지도 사업계획서에서 명확하게 설명해야 한다.

간혹 도입을 희망하는 설비 등의 기능이나 용도, 운용방법, 운용에 따르는 비용 등에 대한 철저한 검증 없이 사업계획을 수립했다가 도입 후 설비를 사장시키거나, 혹은 홈페이지 등의 관리 능력이나 인력, 비용에 대한 고려 없이 사업을 진행해서 지원 효과가 거의 발생하지 않는 사례도 있다는 점을 감안해 이 부분에 대한 점검과 확인도 꼭 필요하다.

자금(사업비)은 얼마나 필요한가?

협업사업의 세부 항목이 결정되면 다음으로 검토해야 할 것이 소요자금에 관한 부분이다. 사업에 필요한 자금의 규모를 파악해 사업계획을 수립하되 그것은 객관적으로 인정될 수 있어야 한다.

그러기 위해서는 설비나 용역의 공급처를 다양하게 알아보고 견적을 제시받아 비교해보고, 인터넷으로 가격을 검색해보는 등 합리적 가격을 알아보려는 노력이 필요하다. 설비 등의 공급 가격이 적정하지 못한 경우 사업 승인을 받지 못하거나 승인을 받더라도 지원금 지급 과정에서 문제가 생길 소지가 있다는 점을 명심해야 한다.

또한 사업 부문별 지원 한도도 고려해 자금계획을 수립하고, 협업체 구성원이 부담해야 할 자금의 규모도 미리 파악하고 협의해 사업 진행에 차질이 없도록 해야 한다.

협업사업 운영은 어떻게 할 것인가?

공동 이용시설을 구축하고자 할 경우 설비 구축공간 마련, 운영 인력이나 비용의 조달, 협업 참여업체별 이용 방안, 유지·보수 관련 사항 등의 내용이 사업계획서에 포함되어야 한다. 마찬가지로 공동 운영 시스템 구축이나 공동 브랜드 개발 사업의 경우에도 시스템 운영 인력이나 운영 주체, 운영비 부담 등에 관한 서술이 필요하다. 이와 관련한 내용들을 사전에 협업체 구성업체들이 충분히 협의해 결정해야 할 것이다.

협업사업을 통해 각 참여업체가 기대하는 성과는 무엇인가?

협업을 통해 기대하는 매출의 증대나 원가 또는 비용의 절감 내용을 구체적인 수치나 비율로 표현하고 이것을 가능하게 하는 요인들에 대한 설명을 첨부하면 된다. 예를 들어 협업설비를 구축함으로써 외주 공정을 자체 처리할 수 있게 되면 외주비가 절감되고, 공정 시간이 단축됨으로써 새로운 마케팅 기회를 확보할 수 있다면 그것이 매출 향상이나 비용 절감의 요인이 될 것이다. 사업계획서에는 그러한 구체적인 내용과 기대하는 매출 증가율이나 증가액 및 비용 절감액 등을 기술하면 될 것이다.

사업 추진 일정은 어떻게 되는가?

협업사업은 서울시 예산으로 지원되는 사업이므로 시의 예산 집행 마감시기 등을 고려해 사업 일정을 수립해야 한다. 그렇지 못할 경우 승인을 받고도 지원금의 지원을 받지 못하는 일이 발생할 수 있으므로 사전에 설비·용역 등의 공급에 소요되는 시간, 공사 기간 등을 확인하고 일정을 수립해 사업 운영에 차질이 생기지 않도록 해야 할 것이다.

각 참여업체는 협업사업 진행에서 어떤 역할을 담당할 것인가?

협업사업의 전반적인 주관은 추진주체가 하겠지만 모든 역할이 추진주체에게 집중되면 협업의 동력은 쉽게 상실될 것이다. 따라서 구성원 각각의 역량과 전문성에 따라 참여업체 전체가 적절히 역할을 나누어 담당할 필요가 있으며, 사업비 중 협업체가 부담할 부분에 대한 각 참여업체의 부담비율도 정하되 이 역시 추진주체가 일방적으로 과다하게 부담하기보다는 협업의 취지에 맞게 공평하게 분담하는 것이 바람직하다.

2단계: 사업계획서 작성을 위한 컨설팅 지원

이상에서 설명한 내용에 따라 협업체 구성원 간 충분한 협의를 통해 사업계획을 수립하고 사업계획서를 작성하면 되는데, 생업에 바쁜 소상공인들에게는 만만치 않은 일이다. 이런 점을 고려해 서울신용보증재단은 지원사업에 참여하고자 하는 협업체에게 사업계획서 작성을 지원하는 협업컨설팅제도를 운영하고 있다.

사업 신청 과정에서 가장 중요한 부분이 바로 사업추진계획서 작성인데, 협업컨설팅은 전문적인 협업컨설턴트가 협업사업계획서 작성을 비롯해 사업 신청 관련 자료 준비를 지원하는 제도다.

협업컨설팅을 지원받기 위해서는 먼저 협업체의 구성이 구체성을 가져야 하고 추진하고자 하는 협업사업의 내용이 윤곽이 잡혀 있어야 한다. 지금까지 컨설팅 지원을 받은 업체들의 경험에 따르면 서울신용보증재단은 협업체 구성과 사업계획 수립에 관한 상담을 수시로 제공하고 있으며 상담 과정을 통해 사업내용의 타당성을 어느 정도 검증받은 협업체에 대해 협업컨설팅을 지원하는 방식으로 제도를 운영하고 있다.

컨설팅 지원을 희망하는 업체는 서울신용보증재단 자영업지원센터의 문을 두드려보는 적극성을 발휘해보자. 이외에도 사업공고와 사업설명회를 통해 관련 내용이나 정보의 파악이 가능하므로 부지런히

지원기관 홈페이지 등에 접속해 정보를 수집하는 수고를 아끼지 말아
야 할 것이다.

3단계: 사업 참여 신청 외 사업 진행 절차

협업체 구성과 사업계획 수립 및 사업계획서 작성이 완료되면 추진주
체는 사업공고에서 정한 절차대로 사업 참여 신청을 하게 되는데 그
개략적인 내용과 사업 진행 절차는 다음과 같다.

사업 진행 절차

사업공고 및 사업설명회

• 공고는 서울신용보증재단 및 자영업지원센터 홈페이지에 게시됨
• 통상 3~4월 경 사업공고를 하나 변경될 수 있음
• 사업설명회는 사업공고 참조하여 참석
• 사업공고를 통하여 사업 신청 마감 등 진행 일정 파악

서울신용보증재단 www.seoulshinbo.co.kr
서울시 자영업지원센터 www.seoulsbdc.or.kr

사업계획 상담 및 컨설팅 신청

• 사업계획 상담이 필요한 경우 사업공고의 안내에 따라 신청

• 협업체 구성 및 사업계획의 윤곽이 먼저 잡혀 있어야 함

사업 참여신청서 제출

• 사업계획서와 기타 첨부서류를 사업공고에서 정한 방식으로 제출

사업계획에 대한 평가

• 신청서류 평가, 1차 현장방문 평가, 2차 인터뷰 평가로 진행

• 평가 각 단계마다 탈락업체 발생함

지원대상 협업체 선정 및 사업협약 체결

• 지원승인 협업체와 재단 간 협업 지원을 위한 사업협약 체결

설비 구입 등 사업 진행 후 지원금 지급 신청

사업 신청에 도움이 되는 소소한 정보

서울신용보증재단에서는 협업사업의 추진과 지원을 희망하는 자영업자에 대해 사업공고와 상관없이 수시로 협업 상담을 해주고 있으므로 사업의 설계 과정부터 도움을 받을 수 있다.

또 서울신용보증재단의 경우 협업체 구성업체 대표 1인 이상의 사업설명회 참석을 사업 신청 기본요건으로 하고 있는데, 사업에 대한 충분한 이해와 원활한 사업 신청 및 수행을 위해 협업 참여업체 대표자는 가급적 사업설명회에 참석하는 것이 바람직하다(2020년에는 코로나19 영향으로 온라인 설명회로 개최).

다음은 2020년 서울시 자영업 협업화 지원사업 지원대상 협업체 모집공고다. 참고하자.

2020년 서울시 「자영업 협업화 지원사업」
지원대상 협업체 모집 공고

서울시 소재 자영업자간의 협업을 통한 자생력 강화 및 자립환경 조성을 위해 **2020년 서울시 「자영업 협업화 지원사업」**을 아래와 같이 시행하오니 참여를 희망하는 자영업자께 서는 협업체를 구성하여 신청하시기 바랍니다.

2020년 4월 20일
서울신용보증재단 이사장

1. 사업개요
○ 지원대상 : 협업을 통해 상호간의 공동이익을 추구하고자 하는 추진주체 외 2개 이상의 서울 소재 소상공인 자영업자 협업체
○ 지원분야 : 위 협업체가 추진하는 아래 협업사업에 대하여 사업비 지원
  - **공동 이용시설 구축사업**
  - **공동 운영시스템 구축사업**
  - **공동 브랜드 개발 및 활용사업**
○ 지원범위 : 협업사업에 소요되는 사업비의 최대 90%까지 무상 지원
○ 선정방법 : 3단계 심사(서류 → 1차 현장평가 → 2차 평가위원회 심의)

2. 지원내용
○ 지원규모 : 25개 협업체 이상 (※ 지원예산 : 850백만원)
○ 지원분야별 지원한도

사업구분	세부내용	지원한도	
		신규지원	추가지원
공동 이용 시설	- 기계설비, 냉동창고 등 구축 지원	50백만원 이내	50백만원 이내
공동 운영 시스템	- 홈페이지, 온라인 판매시스템 등 구축 지원	30백만원 이내	
공동 브랜드 개발·활용	- 브랜딩(CI, BI, 네이밍, 캐릭터) - 디자인(상품, 포장) - 마케팅(홍보물, 온·오프라인 광고)	20백만원 이내	

3. 사업 신청자격 및 유의사항

○ 신청자격

- 아래 요건을 모두 충족하는 서울특별시 소재 자영업자로 구성된 협업체

① 3개 이상의 소상공인이 참여할 것

② 참여업체 간 투자, 수익배분 등이 수평적 협업 형태의 계약으로 되어 있을 것

③ 협업사업계획은 참여업체 전원 동의의 방식으로 수립될 것

④ 재단이 개최한 협업사업 설명회에 참여업체 중 1개 업체 이상이 참석할 것

   (코로나 19사태로 인해 유튜브로 진행, 참석방법은 하단 유의사항 참조)

> **지원제외**
>
> 참여기업 또는 대표자가 아래에 해당하는 경우 지원 제외
> ① 휴·폐업중인 기업
> ② 국세 및 지방세를 체납한 경우
> ③ 재보증 제한업종을 영위하는 경우(붙임6)
> ④ 신청일 현재 재단 보증사고기업인 경우
> ⑤ 신청일 현재 재단이 보증채무를 이행한 후 채권을 회수하지 못한 기업인 경우

- 협업체 구성업체의 업력은 사업신청마감일 현재 1년 이상이어야 함. 다만, 추진주체의 업력은 사업신청 마감일 현재 2년 이상일 것(사업자등록증 상 개업일 기준)

○ 유의사항

- 신규지원의 경우 위 사업 중 협업체당 1개 사업에 한하여 신청 가능

- 추가지원 대상은 기 서울시 자영업 협업화 지원사업을 수행한 실적이 있는 협업체이며, 세부지원 요건에 대하여는 사업담당자에게 별도 문의 요망

- 사업설명회 참가는 사업신청을 위한 기본 요건임

> **유튜브 사업설명회 참석방법**
>
> 1) (모바일 시청) 유튜브 어플리케이션 실행 / (PC 시청) www.youtube.com 접속
> 2) 검색 '2020년 서울시 자영업협업화 지원사업 설명회'
> 3) 해당 동영상 시청 후 댓글로 '업체명/대표자 성명/휴대폰번호' 작성(댓글 비공개 처리)
>   ※ 설명회 동영상 업로드 예정일자 : 4/27(월)

○ 원활한 사업계획 수립을 위한 상담 및 협업컨설팅 지원

- 사업계획 상담신청서(붙임5)를 제출한 업체에 대하여 상담지원

- 상담 후 사업추진이 가능하다고 판단되는 업체에 대해 추진계획서 작성지원 등 컨설팅 안내

> ■제 출 처 : FAX 02-3278-8120, 메일 lhc2230@seoulshinbo.co.kr
> ■제출기한 : 2020. 5. 15. 17:00까지 ※ 협업컨설팅 지원은 선착순마감 예정

4. 신청접수

○ 접수기간 : 2020. 5. 18. ~ 6. 5. 17:00까지(신청서류 도착기준)

○ 제출서류

구분	서류명	비고
공통서류	자영업 협업화 지원사업 참여신청서	붙임1
	자영업 협업화사업 추진계획서	붙임2
	자영업 협업화사업 요약계획서	붙임3
참여업체* 개별서류	개인 및 기업정보 동의서	붙임4
	참여업체의 사업자등록증 사본	
	대표자 신분증 사본	
	참여업체의 최근 2개년 부가가치세과세표준증명원	
	〔상시근로자 있는 경우〕 - 4대보험 사업장 가입자명부(4대보험 정보연계센터 발급) 〔상시근로자 없는 경우〕 - 건강보험 자격득실확인서(국민건강보험공단 발급)	소상공인 확인서류

* 참여업체란 협업체를 구성하는 각각의 개별업체를 말함
※ 붙임1 ~ 3 서류는 한글(hwp)파일 작성원칙

○ 접수방법 : 이메일, 등기우편 또는 방문 접수

■접수처 : (04130) 서울시 마포구 마포대로 163, (서울신용보증재단빌딩 7층, 공덕동)
　　　　　서울신용보증재단 자영업지원센터 사업기획팀 협업담당자
■메일주소 : lhc2230@seoulshinbo.co.kr

5. 기타 사항

○ 신청서류가 누락된 경우에는 서류심사 단계에서 탈락처리 됩니다.

○ 1차 및 2차 평가시 평가를 위하여 추가로 필요한 서류를 요청할 수 있습니다.

○ 1차 및 2차 평가 결과는 추진주체 대표자의 이메일로 통지해 드립니다.

○ 제출된 서류는 반환하지 않으며, 선정 평가 세부내용은 공개하지 않습니다.

○ 최종 선정 협업체는 사업협약체결 전 실시되는 협업 기본교육을 이수하여야 합니다.

문의 : ☎ 02-2174- 5097, 5661 (자영업지원센터 협업사업 담당자)

[붙임]

1. 자영업 협업화 지원사업 참여신청서
2. 자영업 협업화사업 추진계획서
3. 자영업 협업화사업 요약계획서
4. 개인 및 기업정보 동의서
5. 사업계획 상담신청서
6. 재보증 제한업종

소상공인시장진흥공단의
소상공인 협동조합 활성화(공동)사업

중소벤처기업부가 시행하고 소상공인시장진흥공단이 운영하는 '소상
공인 협동조합 활성화 사업'은 「협동조합기본법」 또는 「중소기업협동
조합법」에 따라 설립된 전국의 소상공인 협동조합 및 협동조합연합회
를 그 지원대상으로 한다.

지원대상

「협동조합기본법」 또는 「중소기업협동조합법」에 의거하여 설립된 협동조합 및 연합회 중 아래 요건을 충족한 곳

지원분야	세부내용
일반형	소상공인 5개 사 이상이고, 조합원의 50% 이상이 소상공인
선도형	① 조합원 20인 이상이고, 조합원의 50% 이상이 소상공인 ② 소상공인 협동조합 연합회 소상공인 협동조합(조합원 50%가 소상공인) 3개 이상으로 구성 또는 소상공인확인서를 발급받은 협동조합 20개 사 이상(조합원 100명 이상)으로 구성되어 수익사업을 영위하는 협동조합기본법상 연합회

① 협동조합기본법: 영리 또는 수익사업을 하는 협동조합

② 중소기업협동조합법: 협동조합 정관상 이익 배당에 관한 사항이 표기되어 있어야 하며, 수익사업을 하는 협동조합

참여 제한

- 조합(연합회)의 국세 및 지방세 체납 사실이 있는 경우
- 휴·폐업 중인 조합(연합회) 및 조합원
- 소상공인 협동조합 실태점검 및 조사에 응하지 않은 경우
- 중소벤처기업부 소관 소상공인정책자금 지원 제외 업종을 영위하고 있는 조합(연합회) 및 조합원
- 대기업 및 대기업 프랜차이즈 가맹점. 단, 가맹본부와 가맹점이 상생 협력을 위해 구매협동조합을 설립하는 경우 참여 가능

우대사항

아래 사회적 배려계층 및 정책적 고려대상은 현장평가 시 가점 우대

- 청년: 만 39세 이하 청년이 전체 조합원의 50% 이상 참여한 조합
- 여성·장애인: 여성 또는 장애인이 조합원으로 참여한 조합
- 백년가게: '백년가게' 지정 조합원이 참여한 조합
- 제로페이: '제로페이' 가맹 조합 또는 조합원이 참여한 조합
- 협업아카데미: 인큐베이팅, 교육, 컨설팅 중 1개 이상 참여한 조합

지원 내용

협동조합 활성화 운영에 필요한 공동사업 추진비용 일부 지원

구분		세부내용	비고
공동일반	개발	신제품·기술, 공정개선, ERP 구축 등 각종 기법	전문기관이 수행
	브랜드	브랜드(CI, BI, 네이밍, 캐릭터), 디자인(상품, 포장)	
	마케팅	홍보물(리플렛, 카탈로그 등), 광고(온·오프라인), 전시회, 박람회 등	
	네트워크	홈페이지, 온라인 판매시스템 등	
	규모화 사업	조합원 수 및 조합원 분포지역 확대를 위한 예비조합원 대상 교육사업(설명회) 등 조합 자체사업 신청 가능	선도형만 신청 가능
	프랜차이즈 시스템 구축	정보공개서, 가맹계약서, 프랜차이즈 매뉴얼, 프로세스 및 공정개선을 위한 개발비	
	공동장비	품목당 1천만 원 이상의 장비 지원 * 생산, 검사, 연구 등 공동사업 용도	차량지원 제외

① 마케팅 분야의 전시회·박람회의 경우 2020년 판로지원사업과 중복지원 불가

② 프랜차이즈 시스템 분야는 프랜차이즈 시스템(체계) 구축을 필수로 하고, 구축 후(협약서상 사업기간 내) 공정거래위원회의 가맹거래 정보공개서 등록을 필수로 함

지원 한도

조합 유형별 한도 및 지원 분야 차등

구분	분야별 지원 내용(지원 한도, 정부 보조비율)	
	공동일반	공동장비
일반형	1억 원, 80% 이내	1억 원, 70% 이내
선도형	5억 원(공동일반 80% 이내, 공동장비 70% 이내)	

① 선도형·체인형은 각각 모든 분야를 포함하여 최대 5억 원

② 지원금 이외의 비용(자부담, 부가가치세 등)은 조합(연합회) 부담

③ 연간 1회 지원: 1차 모집 시 지원대상으로 최종 선정된 경우 2차 모집에 신청불가. 단, 1차에서 탈락한 경우, 2차 신청 가능

④ 사업 졸업제: 일반형 3회+선도형 3회 지원 후, 공동사업 지원 종료(2020년부터 지원 횟수 기산). 단, 고성장(최근 3년간 연평균 매출, 고용, 조합원 수 증가율이 20% 이상) 조합의 경우 졸업 유예 및 계속 지원(예를 들어 2020년, 2021년, 2022년 공동사업 일반형으로 선정·지원받은 업체가 2023년 공동사업을 지원받고자 하는 경우, 조합원 20인으로 확대하여 선도형 요건에 부합하거나, 최근 3년간 연평균 매출 20% 증가 등 고성장조합으로 성장한 경우 공동사업 선도형으로 지원 가능)

지원 절차

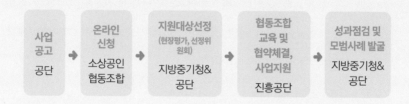

| 사업
공고

공단 | → | 온라인
신청

소상공인
협동조합 | → | 지원대상선정
(현장평가, 선정위
원회)

지방중기청&
공단 | → | 협동조합
교육 및
협약체결,
사업지원

진흥공단 | → | 성과점검 및
모범사례 발굴

지방중기청&
공단 |

사업 신청

소상공인 협동조합 활성화 사업에 참여하고자 하는 협동조합(연합회)은 앞서 서울시 자영업 협업화 지원사업 소개에서 설명한 바와 같이 사업계획 구상 및 사업계획서를 작성한 후 소상공인시장진흥공단의 사업공고에서 정한 따라 사업을 신청하며 그 내용은 다음과 같다.

• 사업공고 확인

먼저 지원예산과 사업시행계획이 확정된 후 공단은 사업공고를 하고 지원대상 협동조합을 모집한다. 2020년에는 1월 중 사업시행공고를 했으며 사업 신청은 2월부터 5월에 접수하였는데, 자세한 일정은 사업공고를 참조하면 될 것이다.

• 소상공인시장진흥공단 협업 활성화(coop.sbiz.or.kr) 접속 후 신청

공지된 신청 기간 내에 소상공인시장진흥공단 사업 홈페이지를 통해 온

라인으로 신청한다. 사업 신청을 위해서는 신청 조합의 조합원 전원이 공단 홈페이지 회원가입을 완료해야 하고, 서류제출은 필요서류를 스캔 후 파일을 업로드 해야 하며, 원본은 지원대상으로 선정된 후 협약체결 시 제출하는 것으로 되어 있다.

- 제출서류(2020년 기준, 세부 사항은 사업공고 참조)
  - 자가진단체크리스트
  - 사업계획서 및 사업계획별 첨부서류
  - 조합원 전원의 개인정보 수집·이용 동의서
  - 사업 참여확약서
  - 기타 사업공고에서 정한 제출서류

소상공인 협동조합에 대한 컨설팅 지원

소상공인시장진흥공단에서는 협동조합의 경영을 지원하기 위해 컨설팅 지원사업을 시행하고 있다. 지원 내용에는 협동조합의 사업계획 수립에 대한 지원도 포함되어 있으므로 공동사업을 추진하고자 하는 협동조합에 도움이 될 것으로 생각된다.

지원대상 선정 진행 과정

신청서류가 접수되면 소상공인시장진흥공단은 신청 협동조합(연합회)에 이후의 사업 진행 일정을 안내하는데, 대략적 절차는 다음과 같다.

- 신청서류 검토 후 접수, 보완 또는 반려
  - 신청서류에 이상이 없는 경우 접수하고 현장평가 등 향후 추진 일정을 안내
  - 서류 보완요청이 있는 경우 신청마감일로부터 3일 이내에 보완.
- 현장평가 실시
  - 조합(연합회) 방문, 면담 평가
  - 평가 결과 적합판정을 받은 조합은 2차평가 진행
- 선정위원회 평가 실시
  - 협동조합(연합회)의 사업 비즈니스모델, 역량, 발전 및 지속 가능성 등을 고려해 선정하고, 지원금액 타당성 여부를 심의

다음은 2020년 소상공인 협업 활성화 공동사업 모집공고다. 참고하자.

2020년 소상공인 협업 활성화 공동사업 모집공고

소상공인 간 규모의 경제 실현과 자생력 제고를 위해 2020년 소상공인 협업 활성화 공동사업을 다음과 같이 공고하오니, 소상공인협동조합의 많은 관심과 참여 바랍니다.

2020년 1월 31일

소상공인시장진흥공단 이사장

유의사항

① 사업신청은 온라인으로 가능하며 조합원 전원이 소상공인마당 사이트에 회원으로 가입하여야 합니다.
  * 개인정보보호법 개정(공포'13.8.6, 시행'14.8.7)으로 주민번호 수집이 원칙적으로 금지 되어 조합원 전원의 회원가입이 필요 합니다.

② 사업신청서 및 제출증빙서류 등 협동조합이 제출한 내용이 사실과 다를 경우, 선정 취소 및 협약이 해지(지원금 환수) 될 수 있습니다.

③ 선정조합은 지원협약 체결 전까지 관련기관의 '이행(지급)보증보험' 상품에 반드시 가입 후 증권을 발급받아 제출하여야 합니다.
  * 증권 미제출 시 협약이 체결되지 않으며, 증권가입 시 SGI서울보증에서 예치금을 요구 할 수 있습니다.(예치금은 해당회사의 자체 방침으로 공단 방침과는 무관 합니다.)

④ 협동조합에 대한 실질적인 지원금은 사업추진기간, 실제수행내용 등에 따라 승인금액과 차이가 있을 수 있습니다.

⑤ 정부지원금은 협동조합과 조합 내 조합원과의 내부거래에는 지원되지 않습니다.
  * 내부거래 : 협동조합에서 소속 조합원으로부터 재화나 서비스 구입 등

⑥ 同 사업 선정 시, 선정조합은 협약사항을 성실히 이행해야할 의무가 있으며, 협약 및 사후관리 기간 동안 협동조합 현황정보를 제공하여야 합니다. 미준수시 선정취소 또는 협약해지(지원금 환수) 사유가 될 수 있습니다.

⑦ 제출된 서류는 반환하지 않으며, 서류 상 기재착오나 연락두절, 사업신청 관련 안내문 미숙지 등으로 인한 손해는 제출자에게 책임이 있습니다.

※ 홈페이지 : [소상공인시장진흥공단] http://www.semas.or.kr
　　　　　　　[소상공인마당] http://www.sbiz.or.kr
　　　　　　　[소상공인 협업 활성화사업] http://coop.sbiz.or.kr

1 사업개요

□ 사업목적 : 역량수준별 맞춤형 지원을 통한 소상공인 협동조합의
사회적 가치 지속가능성 및 조합원(소상공인) 경쟁력 제고

□ 사업기간 : '20년 1월 ~ 10월

□ 지원규모 : 85억원(공동일반 35억원, 공동장비 50억원)

□ 신청방법 : 사업 홈페이지(coop.sbiz.or.kr)를 통한 온라인 신청

□ 신청기간 : 총 2회 모집

구 분	1차	2차
신청 . 접수	1.31(금) 09:00 ~ 2.28(금) 18:00	5.11(월) 09:00 ~ 6.11(목) 18:00

□ 지원대상 : 협동조합기본법[1] 또는 중소기업협동조합법[2]에 의거하여
설립된 **협동조합 및 연합회** 중 아래요건을 충족한곳

구 분	구성요건
일반형	**소상공인 5개사** 이상이고, 조합원의 50%이상이 소상공인
선도형	① **조합원 20인** 이상이고, 조합원의 50%이상이 소상공인 ② 소상공인협동조합 연합회* * 소상공인협동조합(조합원의 50%가 소상공인) 3개 이상으로 구성 또는 소상공인확인서를 발급받은 협동조합 20개사 이상(조합원 100명 이상)으로 구성되어 수익사업을 영위하는 **협동조합기본법상 연합회**

1) 협동조합기본법 : 영리 또는 수익사업을 하는 협동조합
2) 중소기업협동조합법 : 협동조합 정관 상 이익 배당에 대한 관한 사항이 표기되어
있어야 하며, 수익사업을 하는 협동조합
 • 소상공인 협업 활성화 공동사업의 정부지원 신청목적인 협업(수익)사업 내용이 "중소기업
협동조합법 제35조(업무) 제①항 12호에 해당할 경우, 주무관청의 승인 후 신청 가능
 - 주무관청 : 전국조합→중소벤처기업부 / 지방조합→지방자치단체

○ 참여제한

- 조합(연합회)의 국세 및 지방세 체납사실이 있는 경우

- 휴·폐업중인 조합(연합회) 및 조합원

- 소상공인협동조합 실태점검 및 조사에 응하지 않은 경우

- 1 -

- 중소벤처기업부 소관 소상공인정책자금 지원제외 업종(참고3)을 영위하고 있는 조합(연합회) 및 조합원
  * 하나의 기업이 2개 이상의 서로 다른 사업을 영위하는 경우, 주된 사업(연매출액 비중이 가장 큰 사업)을 기준으로 함
- 대기업 및 대기업 프랜차이즈 가맹점
  * 단, 가맹본부와 가맹점이 상생협력을 위해 구매협동조합을 설립하는 경우 참여가능 (협약서 제출 필수)

> **<대기업 및 프랜차이즈 확인방법>**
> - 프랜차이즈 확인 : https://franchise.ftc.go.kr/
> - 대기업 확인 : http://www.kreport.co.kr/
> - 중소기업현황정보 확인 : http://sminfo.smba.go.kr (로그인 필요)

○ **우대사항** : 아래의 사회적 배려계층 및 정책적 고려대상은 현장 평가 시 가점 우대

- 청년 : 만 39세 이하의 청년이 전체 조합원의 50% 이상 참여한 조합
- 여성·장애인 : 여성 또는 장애인이 조합원으로 참여한 조합
- 백년가게 : '백년가게' 지정 조합원이 참여한 조합
- 제로페이 : '제로페이' 가맹 조합 또는 조합원이 참여한 조합
- 협업아카데미 : 인큐베이팅, 교육, 컨설팅 중 1개 이상 참여한 조합

□ **지원내용** : 협업 활성화 운영에 필요한 공동사업 추진비용 일부 지원

지원분야		세부내용	비고
공동일반	개발	- 신제품·기술, 공정개선, ERP 구축 등 각종 기법	전문기관이 수행
	브랜드	- 브랜드(CI, BI, 네이밍, 캐릭터), 디자인(상품, 포장)	
	마케팅[1]	- 홍보물(리플렛, 카탈로그 등), 광고(온·오프라인), 전시회, 박람회 등	
	네트워크	- 홈페이지, 온라인 판매시스템 등	
	규모화 사업	- 조합원수 및 조합원 분포지역 확대를 위한 예비조합원 대상 교육사업(설명회) 등 조합 자체사업	선도형만 신청가능
	프랜차이즈[2] 시스템	- 정보공개서, 가맹계약서, 프랜차이즈 매뉴얼, 프로세스 및 공정개선을 위한 개발비	
공동장비		- 품목당 1천만원 이상의 장비 지원 * 생산, 검사, 연구 등 공동사업 용도	차량 지원 제외

1) 마케팅 분야의 전시회·박람회의 경우 '20년 판로지원사업과 동일한 전시회·박람회 중복지원 불가
2) 프랜차이즈 시스템 분야는 프랜차이즈 시스템(체계) 구축을 필수로 하고, 구축 후 (협약서상 사업기간 내) 공정거래위원회의 가맹거래 정보공개서 등록을 필수로 함

□ 지원한도 : 조합 유형별 한도 및 지원분야 차등

구 분	분야별 지원내용(지원한도, 정부보조비율)	
	공동일반	공동장비
일반형	1억원, 80% 이내	1억원, 70% 이내
선도형	5억원[1] (공동일반 80% 이내, 공동장비 70% 이내)	

1) 선도형은 각각 모든 분야를 포함하여 최대 5억원
2) 지원금이외의 비용(자부담, 부가가치세 등)은 조합(연합회) 부담
3) 연간 1회 지원 (예)1차 모집공고 지원대상으로 최종 선정된 경우 2차 모집공고 신청불가. 단, 1차에서 탈락통보 된 경우, 2차 신청가능
4) 공동사업 졸업제 : 일반형 3회 + 선도형 3회 지원 후, 공동사업 지원 종료 ('20년부터 지원 횟수 기산). 단, 고성장(최근 3년간 연평균 매출, 고용, 조합원수 증가율이 20%이상 증가) 조합의 경우 졸업유예 및 계속지원

   (예) '20,'21,'22년 공동사업 일반형으로 선정·지원받은 업체가 '23년 공동사업을 지원받고자 하는 경우, 조합원 20인으로 확대하여 선도형 요건에 부합하면 선도형으로 지원가능. 또는, 최근 3년간 연평균 매출 20%증가 등 고성장조합으로 성장한 경우 공동사업 계속 지원가능

2 신청방법

□ 신청방법 : 온라인 신청(coop.sbiz.or.kr)

① 조합원 전원(연합회는 회원조합 이사장)이 '소상공인마당(sbiz.or.kr)' 홈페이지 회원가입*

   * "[참고6] "소상공인마당 회원가입" 및 "협업체 등록신청" 방법" 참조

② '협업활성화(coop.sbiz.or.kr)' 홈페이지에 "협업체 등록신청"

   * 기 등록 조합의 경우, "②" 생략

③ '협업활성화(coop.sbiz.or.kr)' 홈페이지에 조합이사장이 로그인*하여 신청서를 작성하고, 증빙서류 등록

 - 사업신청 시, 조합유형을 선택하고, 사업신청(조합 정보, 사업비 신청내역 등) 및 증빙서류 스캔 등록

   * 증빙서류 원본은 협약체결 시 "[참고5] 관할센터"에 제출(선정되지 않은 조합은 미제출)

- 3 -

□ 제출서류 : 사업을 신청하고자 하는 조합은 아래 서류를 신청기간 내 제출해야함

제출서류	검토사항	제출범위	
		협동조합	연합회
작성서류	(1) <서식1> 자가진단 체크리스트	협동조합	연합회
	(2) <서식2> 사업계획서	협동조합	연합회
	(3) <서식3> 개인정보의 수집·이용·제공 동의서	조합원 전원	연합회 회원 조합, 조합원 전원 (협동조합 20개 이상 : 연합회 회원조합)
	(4) <서식4> 사업 참여 확약서	등기임원	연합회 등기임원
법인 등기사항 전부증명서	- '말소된 등기사항 포함'하여 '제출용'으로 발급 - 등기임원이 '법인'인 경우 법인명칭 및 법인등록번호로 등기되어 있어야함 - 신청일로부터 1개월 이내 발급분	협동조합	연합회
사업자 등록증명	- 소상공인이 아닌 조합원(자연인)의 경우 제출 제외 - 신청일로부터 1개월 이내 발급분	협동조합, 조합원 전원	연합회, 회원조합
소상공인 확인서류	- (권장) 소상공인확인서 (신청일 기준 유효기간 이내) - (가능) 상시근로자 확인서류 + 매출액 확인서류 <참고4> 소상공인정책자금 소상공인 확인 기준	조합원 전원	연합회 회원 조합, 조합원 전원 (협동조합 20개 이상 : 연합회 회원조합)
세금납부 확인	- (국세)납세증명서 및 지방세납세증명서 - 신청일 기준 유효기간 이내 발급분 - 신규 설립으로 제출 불가 시 등기임원 전원 제출	협동조합, 조합이사장	연합회, 회장
매출증빙 서류	- 최근 3년간 표준재무표증명 - 업력 3년 미만 업체는 제출 가능한 최대 기간 자료 제출	협동조합	연합회
조합원 명부	- 발기인, 성명, 업체명, 사업자번호 필수 - 조합원이 '법인'인 경우 법인명칭 및 법인등록번호로 등기되어 있어야함 - 신청일 기준 조합원 전원 확인 가능 명부	협동조합	연합회, 회원조합 (협동조합 20개 이상 : 연합회)
출자자 명부	- 성명, 생년월일, 출자좌수, 출자금액 필수 - 조합원이 '법인'인 경우 법인명칭 및 법인등록번호로 등기되어 있어야함 - 신청일 기준 조합원 전원 확인 가능 명부	협동조합	연합회, 회원조합 (협동조합 20개 이상 : 연합회)
협동조합 정관	- 각 정관 1조 조합 설립 기준 법령 확인 필수 - 중소기업협동조합의 경우 이익배당내용 포함 필수	협동조합	연합회, 회원조합
이사회 의사록	- 최근 1년간 이사회 의사록 - 해당사업 참여에 대한 이사회 결의사항 필수 포함	협동조합	연합회, 회원조합
기타서류	- 기타 공단에서 필요로 하는 서류	협동조합	연합회

* 제출기한 내 필요서류를 제출하지 않거나, 지원대상 조건이 아닌 경우 지원 제외

3 평가 · 선정방법

□ **평가·선정방법** : 3단계의 점검 및 평가·심의를 통하여 선정

① **(서류검토)** 사업계획, 증빙문서 등 제반서류 누락 및 흠결여부 등 검토

- 조합(연합회)에서 제출한 사업신청서를 검토하여, 보완요청 및 반려처리

< 서류검토 후 처리방법 >

구분	처리조건	후속조치
접수	- 자격요건 및 증빙서류의 기재사항에 흠결이 없는 경우	- 현장평가 등 향후 추진 일정 안내
보완	- 제출서류 및 기재사항 누락 등 일부 보완이 필요한 경우	- 보완사항 안내 ＊ 보완요청일로부터 3일 이내 보완, 미 보완시 탈락. 단, 부득이한 경우 보완기한(3일 이내)를 연장할 수 있음
반려	- 자격요건이 부적합한 경우	- 반려(탈락)사항 안내

② **(현장평가)** 외부전문가가 신청조합(연합회)을 방문하여 현장평가＊를 실시하고, '적합' 판정을 받은 조합(연합회)은 2차(발표)평가 진행

   ＊ 협동조합 소재지 방문을 통한 조합원 면담평가를 원칙으로 하되, 현장방문이 어려운 불가피한 사유(전염병, 자연재해 등) 발생시 서면, 유선(화상)평가 방법으로 추진

   ＊ 현장평가시, 가점사항(청년, 여성, 장애인, 백년가게, 제로페이 가맹점, 아카데미 참여) 평가

③ **(선정심의위원회)** 전문성을 갖춘 외부전문가 7인 내외로 선정 심의 위원회를 구성하여 현장평가 통과 조합(연합회)을 대상으로 선정심의 실시

- **(심의내용)** 협동조합(연합회)의 비즈니스모델, 역량, 발전 및 지속 가능성 등을 고려하여 선정하고, 지원금액 타당성 여부를 심의

- **(심의방법)** 대면평가로 이루어지며 정해진 시간 내에 제출서류를 토대로 발표 및 심의위원의 질의응답으로 심의

구분	1,2월	3월	4월	5월	6월	7월	8월	9월	10월	11월
접수	1차			2차	2차					
현장평가			1차		2차	2차				
선정위원회				1차		2차				
결과통보				1차		2차				
사업진행				1차		2차				
사업완료									1,2차	
사업정산										1,2차

* 사업 일정에 따라 변경될 수 있음

5   의무사항

□ 사업에 선정된 조합(연합회)은 아래의 사항을 추진하여야 함

○ (국가보조금관리시스템) 사업비 집행 시 「국가보조금관리시스템
(e나라도움)」을 필수 이용해야하며, 미 사용시 사업추진이 어려움

○ (교육이수) 선정 통보된 조합의 조합원 및 조합사업 담당자는
공단에서 실시하는 사업운영 교육을 이수하여야 함

○ (정보제공) 공단의 요청자료* 제공 및 전산시스템에 정보입력**을
해야 하며, 미 이행 시 협약사항에 의거 제재조치를 취할 수 있음

     * 중기부 및 공단에서 서면·유선·이메일 등을 통해 요청하는 조합현황 정보 제공
     ** 조합에서 직접 재무정보 등 현황정보 입력(연 1회 이상 입력하고, 필요 시 증빙
        자료도 업로드)

○ (이행보증증권 제출) 승인된 총 사업비 중 정부지원금(공급가액)에 대해 발급
     * 보증기간은 사업 협약기간과 동일

○ (자부담금 및 VAT부담) 유형별 총 사업비*의 20%(장비 30%) 이상
"자부담금"과 사업진행 시 소요되는 **"총 VAT(10%)"**는 **협동조합 부담**
     * 사업비는 부가가치세를 제외한 금액(정부보조금+자부담금)
     * 지원조합은 협약체결 후, 지원조합 명의의 사업전용통장을 개설하고, 자부담금을
        협약체결일로부터 1개월 이내에 입금, 입금하지 않을 경우 협약을 해지할 수 있음

○ (판로 및 아카데미 사업참여) 협동조합 설립 초기 정착 및
안정화를 위해 당해연도 공동사업 신규 선정 조합의 경우, 당해연도
협업아카데미 사업에 1회 이상 참여, B2C(소비자거래)가 가능한
조합은 차년도('21년) 공동판로 사업 필수 참여

- 6 -

6 유의사항

o 제출된 서류는 일체 반환하지 않으며, 제출한 서류가 미비할 경우, 공단은 보완을 요청할 수 있으며, 미제출 시 신청 포기로 간주함

o 제출상의 기재착오나 연락불능, 최종사업신청 안내문 미숙지 등으로 인한 불이익은 일체 제출자의 책임으로 함

o 증빙서류가 불명확하거나 정당한 사유 없이 준수사항을 미 이행 시 정부지원금은 미 지급함

   * 이행(지급)보증보험증권, 교육이수, 자부담금 입금 등 협약체결 요건을 반드시 준수하여야 함

o 사업신청서 등 신청기관이 작성한 내용에 대하여 일체의 허위사실이 없으며, 허위사실 발견 시 지원취소 등 제재가 될 수 있음

   * 신청대상 자격요건(예 : 조합원 수 허위 보고 등) 등을 허위로 하여 참여한 경우 정부지원금 미지급 또는 정부지원금 전액 환수 조치

o 선정결과 통보 전까지는 사업 재신청이 불가하며, 통보 이후 탈락조합(연합회)에 한하여 재신청이 가능함

7 문의처

구 분	기관명	부서명	전화번호	비 고
사업문의	소상공인시장진흥공단	협업지원실	042-363-7724, 7714	
정책문의	중소벤처기업부	지역상권과	042-481-1633	

(참고) 1. 소상공인 협업 활성화 공동사업 추진절차
        2. 지원분야(가이드라인)
        3. 소상공인정책자금 지원제외 업종
        4. 소상공인정책자금 소상공인 확인기준
        5. 전국 지역센터 및 관할구역 현황
        6. "소상공인마당 회원가입" 및 "협업체 등록신청" 방법
        7. 제출서류 발급처

(서식) 1. 기본요건 충족여부 자가진단 체크리스트
        2. 사업계획서 작성양식
        3. 개인정보 수집·이용 및 제공 동의서
        4. 소상공인 협업 활성화 공동사업 참여확약서

혼자 하지 말고 함께해라

초판 1쇄 발행 2021년 2월 10일

지은이 | 김진희 손정일 이재성 이홍철
펴낸곳 | 원앤원북스
펴낸이 | 오운영
경영총괄 | 박종명
편집 | 최윤정 김효주 이광민 강혜지 이한나 김상화
디자인 | 윤지예
마케팅 | 송만석 문준영 이태희
등록번호 | 제2018-000146호(2018년 1월 23일)
주소 | 04091 서울시 마포구 토정로 222 한국출판콘텐츠센터 319호(신수동)
전화 | (02)719-7735   팩스 | (02)719-7736
이메일 | onobooks2018@naver.com   블로그 | blog.naver.com/onobooks2018
값 | 17,000원
ISBN 979-11-7043-173-2 03320